ブランジュリ タケウチ

どこにもないパンの考え方

イメージで作るパン

　僕がパンを作るうえで一番大切にしているのは、自分の中のイメージ。
　それは、「○○味にしよう」「ふわっとした触感にしたい」といったパンに直接関係することではない。四角い石鹸を見て「手にすっぽり収まる四角いパンは作れないかな？」と思ったり、和菓子好きが高じて「イチゴ大福のようなパンを作りたい」と考えたり。僕にとっては雑貨、ショップのウィンドウ、花、レストランでの食事……あらゆるものがイメージの対象になる。
　また、レストランやバーから「この料理（お酒）に合うパンを」と依頼を受け、新しいパンが誕生することも多い。そういう場合は、最初にその人の料理やお店の雰囲気、客層や想定し得るシチュエーションなどをできるだけ具体的にイメージし、ぴったりのパンの味、形、触感を探っていく。いずれにしても、まずイメージがあって、次にどうしたらそれを実現できるかを考えるのが僕のパン作り。イメージでパンを作っている。
　とはいえ、イメージを形にするのは簡単ではない。僕の実感としては、既存の製法からは既存のパンしか生まれない。「あのパンのアレンジ」という域を脱しないのだ。僕が作りたいのは「ここでしか買えないパン」。だから、自分の発想と感覚を信じてひたすら手を動かしていく。初めはなかなか形が見えてこないけど、それでも繰り返すうちにふと「こうしてみたらどうか」と突破口になるアイデアが浮かぶ。こうして、たとえば水の量が多くて、絞り袋に入れて絞らないといけないくらいに液体に近い生地など、他の人が見たら「あり得ない」「邪道だ」と思われる作り方でもパンを焼くようになった。今店に並ぶパンは、こうしてできたオリジナルのものばかりだ。
　この本にはレシピを載せていない。僕はブレの大きい国産小麦を使い、外気に影響されやすいオープンキッチンで仕事をしているため、配合や発酵時間は毎回変わる。変えざるを得ないのだ。僕にとって決まったレシピは意味をなさない。また、僕自身が本を読む時に知りたいのは、レシピではなくその人がどんな思いでその商品を作ったかということ。この本は僕のパン作り——どんなイメージを抱き、それをどう形にしたか——に重きを置いている。ブランジュリ タケウチのパンがどうやって生まれたのか。それが伝われば嬉しい。

竹内久典

[contents]

イメージで作るパン——3

ブランジュリ タケウチの1日——6
    朝——8
    昼——10
    夕方——12

ブランジュリ タケウチのスペシャリテ——14
    1. 天然酵母オリーブ——16
    2. アールグレーのクリームパン——22
    3. 3種レーズン——26
    4. タルト——30
    5. 丹波黒豆——34
    6. バゲット——38
    7. 天然酵母バトン——42
    8. イル・チプレッソ——46
    9. マジョラムのパン——50
    10. ギネスビールのパン——54
    11. 白パン——58

ブランジュリ タケウチのコンセプト——62
    1. 「公園の前で」と決めていた——64
    2. オープンキッチンにした理由——66
    3. おいしさを伝えるディスプレイ——68
    4. いろんなお客さんが来る店に——70
    5. スタッフのこと——72

◎ブランジュリ タケウチではパンのラインアップが日々変わります。本書に掲載したパンの中にも現在は作っていないもの、季節によっては店頭にないものがあります。

◎ブランジュリ タケウチのパンは朝→昼→夕方と時間帯ごとにラインアップが変わります。そのため、時間によっては店頭にない場合もあります。

「どこにもないパン」の作り方──74
　　僕はこうしてパンを作ってきた──76
　　粉のこと──80
　　天然酵母とパン・ド・カンパーニュ──82
　　パンの形──84
　　型のこと──86
　　価格について──88
　　刺激をくれる野菜──90
　　新スタイルサンドイッチ──92
　　時代はベーグル──94
　　お茶に合うパン──98
　　お酒に合うパン──102
　　イベントのパン──106
　　発想を支える仲間──110

ブランジュリ タケウチのカフェ──116

ブランジュリ タケウチ　パン・コレクション──122

あとがきにかえて──126
プロフィール──128

◎昨今のさまざまな価格高騰により、やむを得ず価格が上がることがあります。本書で掲載している値段と異なる場合もありますが、ご了承ください。

AD＋デザイン／片岡修一、関口佳香里（PULL/PUSH）
撮影／前川紀子、天方晴子
協力／成澤豪、成澤宏美（なかよし図工室）
編集／鍋倉由記子

{ ブランジュリ タケウチの1日 }

ブランジュリ タケウチでは朝→昼→夕方と、
時間帯によってパンが変わっていく。
朝はクロワッサンやくるみのバトンなど朝食向きのパン、
昼はサンドイッチやフォカッチャ、
午後になると甘い菓子パンにお酒に合うハード系のパン……
その時間帯に合ったパンが1日かけて120種前後並ぶ。
多い時には1日1000人が訪れるブランジュリ タケウチ。
店内の雰囲気や客層の移り変わりも含め、その1日を追う。

ブランジュリ タケウチの1日―― 朝

　朝8時。シャッターを開ける頃になるとどこからともなく開店を待つ人の行列ができる。近所なのかラフな格好のご夫婦、これから出勤であろうスーツ姿のビジネスマン、犬の散歩中の人。さまざまな人で店はオープンと同時に混み合う。店頭に並ぶのは、朝食を意識したパン。クロワッサンやパン・オ・ショコラ、食パン感覚で食べるくるみバトンや3種レーズン、一気に血糖値が上がりそうな甘いデニッシュ。できたてのサンドイッチを毎朝のご飯にする人も多い。朝は常連さんが多く、みなお目当てのパンをさっと買ってさっと出て行くため滞在時間は短い。9時を過ぎるとクリームパンなどが並び出す。

1：パン・オ・ショコラ（左）と洋梨とチョコレートのクロワッサン。2：クロワッサン生地で作る小さなタルト。一時中止していたが、要望が多く復活の予定。
3・5：開店と同時に店内は混み合う。出勤前のビジネスマンも多い。4：朝限定のパンなどはすぐになくなり、補充に追われる。

朝のパンでひときわ目を惹くのが窓際の台に積み重なった細長いパン。口どけのよい生地に、クルミやレーズンをたっぷり練り込んで焼き上げている。細長い形にしたのは、写真のように食べやすい大きさに切って食べてもらうため。皿に積み重ねれば、見た目にも楽しい。好みのハチミツやジャムを添えて。

6：しっとりしたパン・ド・クレームも朝食向き。7：開店に合わせて焼き上げるため、担当者は前の晩に出勤するクロワッサン。ハラハラ、サクサク。8：厨房に面した台にはクロワッサンやデニッシュ類、クリームパンなどが並ぶ。9：朝はサンドイッチの準備も忙しい。10：窓際にはくるみのバトン、3種レーズン、アールグレーのクリームパン、ブリオッシュ食パンなど朝の定番のパンが並ぶ。11：ハム、チーズ、レタスが入ったシンプルなバゲットサンド。

ブランジュリ タケウチの1日——昼

　11時前後は一番パンが充実する時間。ランチタイムに備え、サンドイッチや野菜たっぷりのフォカッチャなども並び始める。3階のカフェはオープンと同時に席が埋まり、警備員さんは子供連れのお母さんや年配の女性客が乗ってきた自転車、ベビーカーの整頓に追われる。12時から13時過ぎまでは混雑のピーク。財布片手のサラリーマン、OLさんたちも交じって外まで行列ができるのも日常風景だ。天気がよければ買ったばかりのパンを手に前の公園に移動し、ベンチで食べる人も多い。なお、週末は朝から混雑し、昼前にパンが売り切れて一時閉店することもある（その場合は午後に再開）。

昼前はサンドイッチが充実。1：ブリーチーズとセミドライいちじくの天然酵母パンサンドイッチ。2：ペッパーシンケンとクリームチーズのブリオッシュサンドイッチ。3：くるみパンとスモークチーズのサンドイッチ。4：ツナとアボカドのサンドイッチ。5：スモークサーモンとクリームチーズのサンドイッチ。6：フォカッチャもランチ向きのパン。7：食べやすい小さなパンも人気。8：昼にはベーグルも出揃う。

天気のよい日、ブランジュリ タケウチの目の前にある靱（うつぼ）公園はタケウチの茶色い袋を持った人たちであふれる。昼時には子供を連れたお母さんのグループに加え、OLさんやスーツ姿のサラリーマンも。それぞれが思い思いにパンを食べる様子は、シェフがフランスで目にして以来憧れていた理想の光景だ。

9：昼前には厨房も忙しさのピークを迎える。どんどん焼き上がるパンを粗熱をとるひまもなく並べ、それが飛ぶように売れていく。**10**：午後の仕込みも並行して行なう。**11**：ボリュームのあるフォカッチャはランチタイムに合わせて焼き上げる。とくに男性に人気。

ブランジュリ タケウチの1日 ―― 夕方

昼下がりになると女性客の割合が多くなる。お目当ては、3時のおやつを意識した甘いパン。各種クリームパンをはじめ、シェフお得意のあんこを使った和風の菓子パンなども人気が高い。また、突き当たりの棚には天然酵母やライ麦を使ったハード系のパンが充実し始める。生ベーコンを挟んだ「天然酵母バトン」をはじめ、「夜もパンを食べてほしい」とお酒や食事に合わせることを意識したパンも多い。最後にパンが焼き上がるのは午後3時。バゲット、イル・チプレッソ、全粒粉のフルーツバゲットなどが最後のパン。売り切れ次第閉店となるため、最近は夕方まで店が開いていないことも多い。

午後になると奥の棚にはハード系のパンが充実する。1・2：料理と一緒に食べたいバゲットとイル・チプレッソは、店で最後に焼き上がるパン。3：小粒のレーズンが詰まったカレンズと、ドライトマトとフレッシュハーブのカマンベール包み。4：スモークハムとスモークチーズ入りフランスパン。5：はみ出たパリパリのチーズがおいしい吉田牧場のカマンベールチーズ。6：ボール型の胚芽パン。

昼下がりには甘いパンが人気。バリエーションも数多い。**1**：あんぱんだけでもブリオッシュ生地を使ったもの、フランスあんぱんなど数種類ある。写真はけしの実あんぱん。**2**：3種類の煮豆をライ麦生地で包んだパン。表面の薄い生地のパリパリと、その中に潜む黒ゴマの香ばしさが印象的。**3**：グリオットチェリーとキルシュのクリームが入ったデニッシュに、クッキー生地をまとわせた。頂点の凹みにたまったクッキーのザクザク感がポイント。**4**：まるで大福のようなあんずと白あん入りのパン。

「パンは朝食べるもの」という概念を払拭すべく、夜向けのパンに力を入れてきた。肉料理には？ アルコールのおつまみには？ シチュエーションを想定して作り出したチーズやソーセージを使ったパンはとくに男性に人気。こうしたパンを通じ、天然酵母やライ麦パンのおいしさも理解されるようになった。

夕方近くになるとパンはほとんど売り切れ、店内にも静けさが戻る。最近は日が落ちるだいぶ前にパンがなくなり、早い時には4時前に店を閉めることも。シャッターが閉まっても、店内では片づけと明日の仕込みに追われる。また、レストランの人がディナー用のバゲットを取りにやってくる。

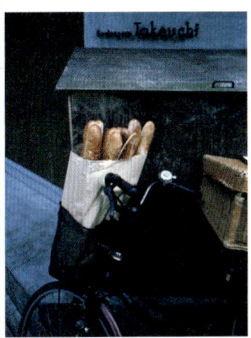

{ ブランジュリ タケウチのスペシャリテ }

ブランジュリ タケウチのモットーは「この店に来ないと買えないパン」。
オリジナリティあふれるパンの数々は人々を惹きつけてやまないが、
では、こういうパンはどのように生まれるのだろう？
「僕はイメージでパンを作る」と竹内シェフ。
数多くのラインアップの中でも"スペシャリテ"と呼ぶにふさわしい
11のパンについて、最初に浮かんだイメージから
それを形にしていくプロセスまで、
スペシャリテ（看板商品）誕生のストーリーを紹介する。

Spécialité #01

天然酵母オリーブ

1日300個。店一番の人気パン

大阪・北浜にあるフランス料理店「ラ・トォルトゥーガ」の萬谷浩一シェフから、いつも自分の店で使っているという塩水漬けのオリーブをもらった。萬谷シェフにはいつも食材のことなどをあれこれ教えてもらっているが、スペインで働いていたこともあって、もちろんオリーブにも詳しい。それまで僕はオリーブが好きじゃなかったけど、食べてみるとこれはおいしかった。中にアンチョビが入っているのに濃厚すぎず、あっさり食べられるのだ。

「おいしいからパンに合うんちゃうか」と萬谷シェフ。

……口調は軽いけど、「このオリーブでパンを作っては?」と言わんばかり(笑)。わかりました。何か考えてみます。

店を閉めた後、毎晩オリーブを取り出しては試作を繰り返す。きざんでフランスパンの生地に混ぜて焼いたり、フォカッチャを作ってドライトマトと一緒に散らしてみたり……。でも、こういうのはどこでもやっているし、インパクトがない。「こんなの見たことない」「ここでしか買えない」というものを作らなくては!

オリーブをずっと眺めるうちに、ふと「オリーブの形って豆みたいだな」と頭に浮かんだ。「豆のサヤのように、オリーブをパンで包んでみようか?」

このオリーブは中にアンチョビが入っているし、すごくジューシーだからきざんで使うのはもったいない。豆に見立てるなら丸のまま使えるし、形もユニークなパンになりそうだ。

まず決めたのはオリーブの数。パン1個につき4粒。このくらい入っていると豆っぽいだろう。また、オリーブといえばワインのおとも。スペインバルでオリーブが出てきたら、ワイン1杯につき4粒くらい食べるかなとも考えた。

オリーブを包む生地は、最初シンプルにフランスパンの生地にしてみたが、全然ダメだった。オリーブの存在感と複雑な味わいにパンが負けてしまい、

バランスが悪いのだ。さてどんな生地にしようかと、オリーブに合いそうなものを考えてみる。浮かんだのは、酢漬けのタマネギやドライトマト、エシャロット……うん、酸味のあるものやほろ苦いものと相性がよさそうだ。というわけで、生地はパン・ド・カンパーニュ（天然酵母を使った田舎パン）に決定。軽い酸味があり、ライ麦が少し入っているので風味もある。後から気づいたことだが、苦みのあるギネスビールのパン（54ページ）の生地も合うと思う。

　実際にオリーブを包んでみる。まず生地を40g取り、薄くのばす。そこにオリーブをのせ、豆のサヤの形に整えてオーブンへ。焼き上がりを食べてみると……口の中が生地ばかりになってオリーブの存在感が薄い。少しずつ生地を減らし、バランスをみていく。このパンに限らず、パンと何か素材を組み合わせる場合は、その何かを単独で食べるよりもおいしい、と思わせるものを意識する。たとえば、店で出しているゴルゴンゾーラ（イタリアの青カビチーズ）のパンは、「ゴルゴンゾーラをパンにぬって食べるよりもおいしい方法は？」と考えた結果、チーズをカンパーニュ生地で包んでじっくり焼くことにしたもの。焼いている間にチーズが溶け出し、パン生地、チーズ、そしてチーズがしみた生地という3通りの味が楽しめるというわけだ。

　オリーブのパンも同じ。オリーブだけ食べるよりもおいしくするには？と考えた結果、生地をオリーブの"衣"ととらえ、生地を減らして薄くのばすことにした。生地が少ないほうが食べた時にオリーブのジューシーな印象が全面に出るし、包んだ形もゴツゴツしていかにも豆らしい。

　これがベスト、と思った生地の量は28g。このオリーブはあまり塩辛くないから、生地が少なくても味のバランスはとれる。とはいえ、直径2cmほどのオリーブを4粒包むにはかなり少ない。包むのに器用さが求められる。

　まず、生地を厚さ2mmほどのだ円形にのばす。ここに水気をよくきったオリーブを4つのせ、生地を破らないように包み、サヤの形に整える。この時、オリーブと生地の間に空気がたまっていると焦げやすい。指の間に1個ずつオリーブを挟むように5本の指を広げて生地にのせ、そのまま前後に転がして空気を抜くのがコツだ。

写真上：オリーブを包む。パン・ド・カンパーニュの生地を薄いだ円形にのばし、オリーブをおく。向こうから手前に生地をかぶせ、生地とオリーブの間の空気を抜くようにして綴じる。この後両端をくるりとカーブさせて完成。左・下：パンが焼き上がったら、熱いうちにエクストラ・ヴァージン・オリーブ油をザザッとぬる。このひと手間が味を大きく左右する。

包み終えたものは、オリーブに当たる部分の生地がさらに薄くなって色が透けて見えるほど。厚さは1mmくらいだろうか。これをスタッフにやらせたところ、なんと9割は失敗。仕方ないから僕がせっせと包んでいたけれど、それでも最初は1日に30個焼くうち半分くらいは失敗。ちょっとでも破れたところがあると、オーブンの中で破裂したり、そこだけ焦げてしまうのだ。

　なお、包み終えた生地は負担をかけているため、そのまま焼いたらガチガチに固くなる。充分休ませてから最終発酵をとり、それからオーブンに入れる。

　ひとまず完成したオリーブのパン。意気揚々と萬谷シェフをはじめ、知り合いに試食してもらうが、イマイチ反応がよくない。焼きたてはいいけど、しばらくすると固くなってしまうというのだ。たしかにハード系の生地は、小さく焼くと固くなりやすい。どうしようか……と思っていると、ある人が「焼き上がりにオリーブ油をぬったらどう？」とアドバイスをしてくれた。さっそく、オーブンから取り出したところに、刷毛でザザッとオリーブ油をぬってみた。すると生地に油がしみ込んで表面のパリッとした触感は増し、時間をおいても固くならない。オリーブ油の香りもいい！　よし、これで本当に完成だ。

　お酒、とくに白ワインによく合うこのパン。最初はその頃に力を入れていた"夜のパン"のつもりで夕方に焼いていたが、どんどん人気になって朝から店に並ぶようになった。成形に手間がかかるし、失敗も多いから、最初は1日30～40個がせいぜいだったけど、今では毎日300個を焼いている。このパンは僕の中では珍しく冷凍もできるため、5個10個とまとめて買うお客さんも多い。食べる際には自然解凍し、温めなおすと風味が戻る。個人的にはオーブンで焼くより、フライパンでさっと転がすのがおすすめだ。

　看板商品とはいえ、いや、看板商品だからこそ作り方はマイナーチェンジを続けている。まず変えたのが、仕上げのオリーブ油。以前はごく一般的なものを使っていたのだが、ある時、新屋信幸シェフ（「ベネッセアートサイト直島」料理長）にもらったスペイン産のエクストラ・ヴァージン・オリーブ油を使ってみたところ、驚くほどおいしくなった。すごく香りが強いタイプで、僕のところにしたらコスト的にはかなり高いけど、一度味わったら元には戻れないほ

どのおいしさ（笑）。思い切って変えることにした。

　また、形も微妙に変化している。このパンを作り始めて1年後くらいに、豆のサヤの両端部分（僕は耳たぶと呼んでいる）をプクッとふくらませることにした。これは偶然の産物で、いつも僕が包むのをたまたまスタッフにやらせたところ、うまく包めなくて先が丸くなってしまったのだ。「これは失敗だな」と思いつつ試しに焼いてみたら、そこだけ香ばしく色づき、食べると"おかき"のようにカリカリでおいしかった。うっすら透けたオリーブの緑と耳たぶの茶色のコントラストもいい。以来、サヤの先端を丸く成形するようになった。

　そして少し前、今度はこのおかき部分を増やすことに。オリーブの包み方はほとんど変わらないが、耳たぶをさらにふっくらさせて、パンの印象を強調させることにしたのだ。1個あたり生地は32g。たった4gだけど生地を増やしたぶん、もっちりした触感に。カリカリとモチモチ、どちらもおいしいが、今はもっちりがお気に入り。お客さんは気づいているかわからないけど……。

　オープンして数年間は、お客さんにいつ飽きられるかと怖くて「昨日出したパンはもう作らない！」くらいの気持ちで、どんどん新しいパンを作っていた。多い時には新作が月に30個になったことも。でも、長年店を続けるうちに「それは違うなぁ」と思うように。ずっと来てくれるお客さんがたくさんいて、それぞれのパンにファンがついている。お目当てのパンが売り切れていると、「また来るわ」と帰られる人も多い。そういう人たちに支えられて今の僕があると思うと、喜ばれるものを作り続けなくては、と襟を正す思いだ。

　うちみたいな小さな店ほど、これまで作り続けているものを大事にしていくことが大切だと感じている。もちろん作り続けていることに甘んじることなく、少しずつパワーアップさせていくこと。思い入れの強い商品には、必ずジワジワとお客さんがついてきてくれる。1種類につき、1時間は思いを語れるパン。店に並べるものをそんなパンばかりにできたらと思う。

　その最たる存在がこの天然酵母オリーブ。ずっと売れ続けて、月に使うオリーブは400kg。こんな小さな店からは想像できないが、今ではコンテナで仕入れている。逆にいうと、新しいパンを考える時はいつも「オリーブを超えるパンを作らなくては」と思っている。なかなか簡単にはいかないが……。

Spécialité #02

アールグレーのクリームパン

四角を丸ごと食べるパン

　休日に服や雑貨を買いに行ったり、カフェやレストランに行く時には、「店を出るまでに1個はパンを考える」と決めている。僕の場合、パンのアイデアを他店の商品やパンの本から得ることは皆無で、仲良しの料理人さんとの会話だったり、旅行先のレストランだったり、ウィンドウで見かけた花だったり……パンに直接関係ないところで「これをパンにするなら？」と想像をめぐらせ、その中で新しいものが生まれることが多い。

　このクリームパンのきっかけは、洋服屋さん。ある日の休憩時間、その日は3階のカフェが休みだったので階段を上がってボーッとしていると、ふとなじみの洋服屋さんのディスプレイを思い出した。フランス・マルセイユの石鹸が地べたに積み重ねてあって、無造作だけどなんかカッコよかったのだ。

　「四角いパンを手づかみで食べる、ってどうかな」

　急にそんなことを思いついた。四角いパンといえば食パンだけど、あれはスライスして食べるもの。そうじゃなくて、四角いのをそのまま食べる。つまり、石鹸とかルービックキューブをそのままかぶりつくようなイメージ。角から食べるのか、辺の部分から食べるのか……お、なんだかおもしろそう！

　居ても立ってもいられず、その辺にあった雑誌の表紙をカッターで切り、サイコロを組み立ててみる。1個を一人で食べるとして、大きさはどのくらいがいいかな。組み立てたものを手に持ち、実際に口に運ぶフリをしてシミュレーションをする。うーん、大きすぎるかも。少し切っては大きさを確認し、ちょっとずつ小さくしていく。最終的にしっくりきたのが6cm角。手にすっぽり収まるし、いい感じじゃないか？　興奮冷めやらぬうちにその模型を片手に、型屋さんに発注の電話を入れた。「蓋付きでお願いします」と言ったら「そんなの作ったことない」とビックリされたけど、何とか引き受けてくれた。

　1ヵ月後、待望の型が届いた。さっそく試作する。生地はもう決まっている。僕のところの菓子パンは、「飲みものがなくても食べられる」がモットー。そう

考えると、生地は口どけのよいブリオッシュがベスト。食パンのような生地は、小さく焼くとモソモソしてしまうから向いていない。

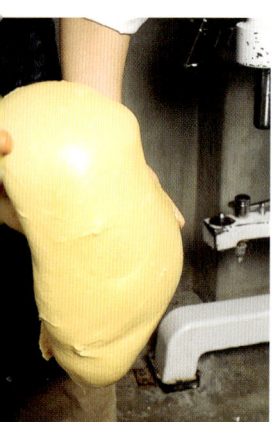

　実はブリオッシュ生地にはちょっと自信がある。以前、神戸の「ダニエル」というケーキ屋さんで働いていた時に、中村道彦シェフと徹底研究したことがあるのだ。バターたっぷりのリッチで口どけのよいブリオッシュ。ダニエルとは配合も作り方も変えたけれど、現在もブリオッシュだけで食パン用、抹茶やチョコレートなどを練り込む用、クリームパン用の3種類の生地を作っている。

　食パン用は、粉に対してバターが75％も入る超リッチな生地で、サンドイッチにも合うよう糖分を控えめに。練り込み用は、抹茶やチョコレートを加えることで生地が締まりやすくなるため、卵は多め、逆にバターは控えめにして素材の香りを生かす。そしてクリームパン用はバターが50％。クリームと一緒に食べた時の口どけを重視して、卵白を少なめに。いずれも一般的なブリオッシュよりバターが多く、水分に生クリームを使用しているため、ケーキ屋さんのスポンジよりよほどしっとり、フワフワじゃないかと自負している。

　本にはよく「油脂は○％が限界」なんて書いてあるけど、僕は自分でやってみるまで信じないタイプ。だって、バターが多いほどしっとりした口どけになるのはわかっているのだから、なるべく多く入れたいと思うのが人情。要はバターが溶け出さなければいいわけで、生地温度を上げないようにすればいい。たとえばバターだけでなく粉もボウルも全部冷やす。バターは一度に加えるのではなく、冷やしながら少しずつ加えていく。生地の発酵も冷やしながら……。時間はかかるが、こうして作ったらびっくりするほどしっとりしたブリオッシュができた。結局はやり方の問題なんだ。

　クリームパン用の生地も油脂が多いから、ミキシング後の生地はツヤツヤ。持ち上げるとツツーッと落ちるくらいかなり柔らかい。バターが溶け出さないよう、少し室温で発酵をとったら僕は一度冷凍庫に入れてしまう。

　生地が0℃まで冷えたら取り出し、分割と丸めを行なう。この時もバターが溶けないように手早く。「生地が冷え固まった時に分割し、丸めながら解凍する」ぐらいの気持ちで。丸めた生地は、今度は冷蔵庫へ。こうすると、ほとんど生地は冷やしっぱなしだが、大丈夫。この間にも少しずつ発酵は進んでいく。

　発酵が終わったら丸くのばし、アールグレーのクリームを絞って巾着に綴じる。綴じ目を下にして型に入れ、蓋をして室温で最終発酵。時間はごく短時間、型の8割ほどまでふくらんだらアーモンドスライスをのせてオーブンへ。型崩れしないよう、焼き上がったらすぐに型からはずして完成だ。

❖

　ところで、僕の店にはクリームを使ったパンがたくさんある。ベーシックなクリームパン、カボチャ、キャラメル、アーモンド、黒豆ときなこなど常時5〜6種類ほど。クリームはすべて自家製だ。実は独立前から「自分の店ではおいしいクリームパンを出したい」と思い、そのためにケーキ店で修業したこともあって、クレーム・パティシエール（カスタードクリーム）にはちょっと自信がある。パン屋のクリームというと、生地で包みやすいようにコーンスターチを加えるなど、店側の都合を優先させたものがほとんど。「なぜ"クリームパン"なのにクリームのおいしさを追求しないんだろう」とずっと思っていた。だから、自分で店をやる時には、とびきりおいしいクリームが入ったクリームパンを作りたい。そう思ってケーキ屋で働かせてもらったのだ。

　だから僕のクリームの材料は、卵、砂糖、牛乳、ヴァニラビーンズ、少量の薄力粉のみ。そして、カボチャのクリームならば裏漉ししたカボチャを牛乳でのばしたものを、今回のアールグレーのクリームなら茶葉を牛乳で煮出した液体を、それぞれ牛乳代わりにしてクリームを炊く、という具合。アールグレーのクリームは、以前、紅茶の葉を使ったパンを作ろうと思った時に、「ムジカ」（大阪・堂島の紅茶専門店）の堀江勇真さんから「アールグレーのように香りがついた茶葉をミルクで抽出してもおいしいよ」と教えてもらったもの。紅茶風味のパンはよくあるけど、アールグレーの香りでミルク風味というのは珍しいし、ブリオッシュのリッチな風味にもよく合うので気に入っている。

❖

　完成したキューブ型のクリームパン。柔らかくしぼみやすいから、ある程度粗熱が取れてから例のディスプレイのように積み重ねて……と思っていたのだが、今ではすっかり人気商品に。積み重ねても、店頭に出したそばから売れてしまうため、ピラミッドのように重なった様子を見たことがあるお客さんは意外と少ないかも。たくさんファンがいるのは嬉しいのだけれど……。

Spécialité #03

3種レーズン

タケウチ版・ブドウのロールパン

　店をオープンして常連さんができる頃になると、「○○パンはない？」などとお客さんに声をかけられるようになった。そんなリクエストの中でも多かったのが、バターロールやブドウパン。とくに年配の方によく聞かれたのがブドウパンだ。ブドウパンか……。僕自身もブドウパンは大好きで、店でもライ麦の生地にカレンズという小粒のレーズンをぎっしり入れた、その名も「カレンズ」というパンも作っている。でも、お客さんが望んでいるのはきっとそういうのじゃない。フワフワの生地の、コンビニでも売っているようなブドウパン。でも、コンビニと同じじゃつまらない。僕らしいブドウパンを考えてみよう。

　ブドウパンは僕の中では「朝に食べるもの」というイメージがあったから、最初から朝食にふさわしいものにしようと思っていた。頭にあったのは、すでに販売していた「くるみのバトン」。食パン風の生地にローストしたクルミを練り込み、細長い円柱形に焼き上げたパンで、形が運動会で使うリレーのバトンに似ていることから「バトン」と名付けた。実はこのくるみバトンも、「ロールパンを」という声に応えるために作ったパン。この2つを並べて販売したらおもしろそう！　と思ったのだ。

　そこで、まず考えたのが形。並べて売るなら、くるみのバトンに揃えよう。バトンのほうは長さ30cm、切り口の直径が4cmの円柱形。レーズンも同じにしようかと思ったが、まったく同じではつまらないから切り口を正方形にしたらどうだろう？　四角いバトンだ。ところが調べてみると、円柱形は市販の型があるけど、直方体はないという。こうなれば、型マニアの血が騒ぐ。よし、作りますか！　さっそく切り口が4cm角の正方形で長さ30cmの型を発注する。大枠の仕様は角食用の型と同じ。蓋付きでお願いする。

　型が届くまでに生地を考える。くるみバトンは甘さ控えめのシンプルな生地で、生クリームを使った食パン「パン・ド・クレーム」に近い。一方レーズン

のほうは、口どけのよさとレーズンとの相性を考慮すると、もう少しリッチな生地がいいんじゃないかな。食パンとブリオッシュの間くらいのイメージで、食パンより卵黄もバターも多めにし、生クリームも少し加えてしっとりした触感にしよう。また、砂糖の代わりにハチミツを使うことに。ハチミツは生地をしっとりさせてくれるし、フルーツとも相性がいい。今はいろんなハチミツが出回っていて、個人的には個性的な香りの栗も捨てがたかったのだけれど、朝食用ということでオーソドックスなアカシアを選んだ。

　また、レーズンのパンというからには、どこを切ってもレーズンがぎっしり顔を出すくらいでなければ。生地の半分はレーズン、というくらいにたくさん入れたい。さらに、1種類のレーズンだけではおもしろくないから、3種類を組み合わせて使うことにした。素材の入荷状況によって時々変わるけれど、小粒のカレンズ、グリーンレーズン、フランス産のセミドライレーズンの組合せが定番。大きさや色合いがそれぞれ違うし、見た目も食べた時の味のバランスもいい。柔らかいセミドライはそのまま、カレンズとグリーンレーズンはそれぞれブランデーやラム酒に漬けてアルコールの風味をつけつつ、柔らかくもどしてから使う。また、「砂漠レーズン」ともいわれるモハベレーズンも、味がぐっと凝縮していて気に入っているレーズンのひとつ。入荷が安定しないのでいつもというわけにはいかないけれど、手に入った時にはグリーンレーズンの代わりに使っている。モハベレーズンは色が黒いから、その場合はシックな色調のパンになる。

　型が届いた。いよいよ実際に作ってみる。ポイントは、小さな型で焼いても食パンのようにふわっと仕上げること。型が小さいと、火が通りやすいぶんパサパサになったり、皮が厚く固くなったりしやすいが、それではブドウパンのイメージから遠ざかってしまう。皮と中の生地が一体化した、しっとりフワフワの触感にしなくては。

　それを実現するためのポイントはいくつもあって、これは生地の配合や型の改良を重ねながら少しずつ理想に近づけてきた。たとえば、小さい型を使う場合、しっとり柔らかく仕上げるには、焼成時間はできるだけ短いほうがいい。そこで、熱の入り方を均一にするために型の内側にテフロン加工をほどこした

り、焼き色が早くきれいにつくようにレーズンを増やして生地の糖度を上げるなどして、焼き時間を15分から12分に短縮した。また、型に生地をパンパンに詰めることも大きなポイント。型に対して9割程度、この大きさの型に食パン1斤分くらいの生地が入っている。そして生地があふれ出ないように最終発酵をごく短時間で切り上げ、230℃前後の比較的高めの温度で一気に焼き上げる。こうすると中はしっとり、皮も薄く焼き上がる。

　このパンにはオチがある。冒頭のお客さんがやって来た時に、さっそく「ブドウパン、作りましたよ！」と袋に入れて渡したら、「これ何？」と不思議そうな顔。「ブドウパンがほしいとおっしゃっていたので……」と言うと、「そんなんちゃうわ。ほら、スーパーで売ってるもっとフワフワなのあるでしょ？」と一蹴されてしまったのだ。

　……えぇーっ。「たしかに形は違うけど、僕が作るとブドウパンはこうなるねん！」と思わず心の中でつぶやいてしまった。いや、でも大丈夫。このパンが完成した瞬間、「絶対売れる！」という確信があったのだから。気を取り直して店頭に並べると、またたく間に売れていった。

　その売れ行きたるや、予想以上だった。最初、「小さい食パンがいっぱいある」という感じでディスプレイしたらかわいいぞ、と焼き上がったパンを5〜6等分し、1カットずつ小さな袋に入れて販売していたのだが、焼き上がったパンが冷めるまでお客さんが待ってくれないのだ。それではパンをカットできない。結局最初に考えていた通り、1本のままで「くるみのバトン」の横で販売することにした。1本300円台という価格は僕の店では高めの部類に入るので、最初は買ってもらえるか不安だったが、心配の必要は全然なかった。まぁ、1本丸ごと買ってもらうほうがパンの乾燥も防げるし、おいしく食べてもらえるので結果的にはよかったのだが。

　また、販売し始めた頃は、3階にあるカフェでもこのパンを提供していた。ひとくちサイズに切ったものを積み木のように皿に重ね、ハチミツとバターを添えて。このパンは翌日もおいしく食べられるため、「朝食に、こういうふうに食べてくださいね」というメッセージをこめたメニューだったのだが、今ではすっかり浸透し、こういうこともしなくてよくなった。

Spécialité #04

タルト

パン生地で作るパン屋のケーキ

　クリームパンやデニッシュなどの甘いパンは作るけれど、「パン屋なのだから、お菓子は作らない」というスタンスでやってきた。ここでいうお菓子とは、いわゆるパティシエの仕事の範疇に入るもの。シュークリームのように海外ではパン屋でも出すものは作るけど、スポンジケーキとかフイユタージュ（パイ生地）といったケーキ屋さんの仕事はしないと決めていた。

　今の場所に店を移転し、上の階にカフェを作ることになった時、初めてデザートという課題に直面した。デザート感覚で食べられるものは、カフェにとって必須メニュー。僕のカフェなんだから、これもパンで作れないものか。
　頭の中に、プレゼンテーションのイメージだけはできていた。スペインを旅行した際に行った、2ツ星レストランのチーズプレート。食後のチーズが細長い皿に4～5種類盛られ、皿と同じ大きさの紙と一緒に出てきたのだ。紙にはそれぞれのチーズの説明が書いてある。チーズの印象はほとんど残ってないけど、この提供の仕方はいいなと思った。これをパンでやってみたらどうだろう。ふたくちくらいの小さな甘いパンが4つほどのった、「プティパンセット」。
　さっそくプティサイズでデザートになりそうなものをいろいろ考える。もちろんパンを使って。すぐに浮かんだのはブリオッシュ。もともと神戸の「ダニエル」というケーキ店で働いていた時に、ケーキ屋らしいリッチなブリオッシュをさんざん研究していたから、スポンジケーキのようなしっとりフワフワのブリオッシュはお手のもの。チョコレート風味の生地で栗を包んだものと、ブリオッシュ食パンを使ったフルーツサンドはすんなり決まった。
　問題は残りの2つ。僕の頭にあるのはタルトとミルフィーユなんだけど、そのためにタルト生地やフイユタージュは作りたくない。なんとかパン屋の生地で作れないものだろうか……。

　あれこれ試作した結果、クロワッサンとデニッシュの2番生地（型で抜い

た後の切れ端や余り生地)を混ぜてタルト用の生地を作ることにした。もともと菓子パンのイメージがあるデニッシュは少なめに。いっそクロワッサン生地だけでもいい。2種類の生地をスケッパーでザクザクときざんで合わせ、シーター(生地をのばす器具)に何度かかけて薄くのばす。できるだけ薄くのばすのがコツ。焼いている間に生地が浮き上がってこないように全体をピケ(穴をあけること)し、丸く抜いて直径5cmほどの型に敷き込む。

　クロワッサンもデニッシュもバターをたっぷり使った生地だから、焼きが甘いと重い印象になりやすい。低温で乾かすように焼くことが大切で、それが食べた時の軽さにつながるし、時間が経っても油が浮いてこない。店ではその日のパンを全部焼き終えた後の、いわゆる「捨て火」のオーブンに生地を入れてそのまま帰宅。翌朝出勤するとタルト台が焼き上がっているというわけだ。

　こうしてできた生地は、タルトのようでタルトでない。タルトのホロホロともパイのサクサクともまったく違う、ザクザクという力強い触感。モソモソ感が一切なくてすごく歯切れがいい、なかなかおもしろいものができ上がった。

　続いてタルトの中身。ここでもパン屋らしさを意識し、生クリームを絞ったり、生のフルーツをトッピングするのはナシにした。華やかなものより、たとえば、アーモンドプードルを使ったアパレイユ(タルトなどの中身)やカボチャを裏漉ししたペースト、カラメリゼしたリンゴやバナナ……タルト台に詰めたら、再度オーブンで焼き込むような素朴なものがいい。そのほうが僕のイメージするパン屋のお菓子っぽいし、生地のおいしさも生きてくるように思う。

◆

　なお、残りのプティパン候補のミルフィーユもクロワッサン生地で作ることにした。こちらは1番生地を使用。薄くのばし、オーブンの中で一度ふくらませて層を出したら、途中で重石代わりに天板をのせてしっかり乾かすように焼く。フイユタージュよりもっと香ばしくザクザクとした触感で、これを切り分け、カスタードクリームとフルーツをサンド。先のブリオッシュとともに横長のプレートにこぢんまりと盛りつければ、プティパンセットの完成だ。

　実際にカフェで提供し始めた当初は、4つのパンの説明を書いた用紙も添えてお客さんに出していたため、セットの内容を固定していた。それはそれで好評だったのだが、繰り返し利用する人が増えてくると、内容を変えたくなっ

てくる。今では「3種レーズン」(26ページ) にハチミツをサンドしたものや、メロンパンにクリームを挟んだものなど、適宜アレンジして提供している。

　さて、カフェのメニューに登場したとたん、一躍人気となったプティパンセット。とりわけタルトの評判がよく、「これだけ買いたい」という人が出てきた。レストランの人からも「どうやって作るの?」「タルト台だけ売ってほしい」などの問合せが。あまりに多いので、カフェの定休日に試しに1階の店頭に並べてみた。すると、一瞬で売れてしまったではないか。すぐに「これはパン屋でも販売しよう!」と決め、タルト用のカップを100個以上注文した。

　パン屋で売るからには、1日1種類というわけにはいかない。僕にとってこのタルトは「タケウチのケーキ」という位置づけ。直径5cmという大きさだからプティフールみたいなものだ。そんなことを思っていると、「ダニエル」の凝ったプティフールを思い出した。ケーキ店と内容は違えど、ショーケースに何種類も並んでいる楽しさは見習いたい。そこで、イチゴとホワイトチョコレート、ルバーブ、ベリーとナッツ、無農薬ミカンのジャム、セミドライのイチジク、パイナップルとココナッツなど20種類は考えた。この中から、旬のフルーツを使ったもの、チョコレート味のものなど、バランスを考えて1日10種類前後を店頭へ。ケーキのつもりだから、イギリス式アフタヌーンティーで使うような銀色の盛り台にかわいらしく盛りつけた。

　名前を「タルト」としたものの、まぎれもなくパンで作ったという点で僕はこの商品をすごく気に入っている。しっかり焼き込んでいるため、他のパンと同じように袋にガサッと入れても大丈夫という点もいい。

　手に取りやすい小ぶりなサイズと1個100円という値段から、一人で20個、30個と買う人もいて、多い時には1日に200個ほどを焼いていた。一見素朴だけど、実際は中身のベースになるアーモンドクリームは、アーモンドをローストするところから自家製だし、ジャムもすべてタルト用に作るなど、案外手がかかっているこのタルト。実は一時期、人手不足から泣く泣く作るのをやめたのだが、本当に多くの問合せをいただき、もうじき再開する予定だ。ただし、昨今のもろもろの高騰によって100円で出せないのが心苦しいのだが……。

Spécialité #05

丹波黒豆

「打倒・和菓子！」の気持ちをこめて

　僕や仲良しのシェフたちが信頼し、ことあるごとに相談に乗ってもらう人物がいる。Aさんは新地（大阪屈指の夜の街。東京でいう銀座のクラブ街のような場所）でバーを開いている人で、ワインや料理はもちろん、書道、華道、能楽……とにかくなんでも詳しい。僕も試作したパンをほとんど食べてもらっていて、「天然酵母オリーブ」（16ページ）に「仕上げにオリーブ油をぬったら？」とアドバイスしてくれたのもこの人だ。

　そのAさんと僕との共通の話題が和菓子。僕の地元（大阪・堺市）は和菓子屋さんが多く、小さい頃からよく食べていたから和菓子には結構ウルサイつもり。でも、Aさんはケタ違い。「これはさすがにAさんも知らないだろう」と地元の人しか行かないような店のお菓子を持っていっても、ことごとく知っている。逆にAさんからいただくのは僕の知らないものばかり。そうこうするうちに、僕の手持ちのレパートリーがなくなった。そしてこう思ったのだ。「じゃあ、僕が作ってやろう」

◆

　作るからには、「おぉ！」と驚かせるようなものにしたい。もちろんあくまでもパンを使って。そこで思い浮かんだのが、生菓子のようなパン。和風の菓子パンといえばあんこを包んだあんぱんが代表的だけど、どこの店でもやっているし、うちにもすでにある。それに、こういうパンは焼いている間にあんこや豆の水分が蒸発し、どうしてもジューシーさやふっくらした触感が失われてしまうから、僕の中では焼き菓子に近いイメージ。今回はもっとフレッシュな感じにしたいんだ。

　とりあえず思い浮かんだものを作ってみる。「タルト」（30ページ）のようにクロワッサン生地をカップに敷いて台を焼き、あんこをのせてみる。……ありがちだし、見たままの味でおもしろくない。次にパン生地をデニッシュ生地で包んで焼き、周りをあんこで覆ってみる。これはおはぎのイメージ。おいしかったけど、ちょっとやりすぎかな？　という気がしたのでやめた。続いて浮

かんだのが最中。焼き上がったパンであんこを挟むというのはきわめてシンプルな形だけど、あんこのみずみずしさをストレートに伝えることができる。この路線で行ってみようか。

❖

まずは、最中の皮にあたる部分を考える。普通のパン生地には薄くてパリッとした最中の皮のイメージはないから、デニッシュ生地で挑戦することに。とはいえ、デニッシュのサクサクという触感も、最中の皮とはだいぶニュアンスが違う。そこで、サクサク感を生み出す元である層をわざとつぶしてみた。つぶすといっても、麺棒でぐりぐり押しつぶすわけではなく、正方形に切った生地の四隅を、折り紙の要領で中心点に向かって折りたたむだけ。これを裏返して天板にのせ、焼いてみる。するとどうだろう。中心に集まった四隅の頂点が層を押し上げ、ピタパンのようにドーム状にふくらんだ。見た目はなかなかいい。横から2つに切ってみると、中は空洞になっていてまるでシュー皮のよう。外側はパリッとしているけど、中はそこまで火が入らず、若干だけど水分が残って白くふにゃっとしている部分もある。層をつぶしたせいか、その様子がくもの巣みたいで、これがまたシューの内層を思い起こさせる。あんこを挟むイメージがさらに湧いてきたぞ。

しかし、まだ触感に工夫の余地がある。最中の皮のパリッとした感じを出したいのだ。そこで、店で焼いている「木の実のデニッシュ」（ナッツのペースト入りのクイニーアマンに似たパン）のように、表面にザラメをふって焼く。オーブンの中でザラメが少し溶けてカラメル状になり、冷めるとパリッとした触感になるのだ。それだけだと味が単調なので、ザラメに白ゴマと黒ゴマを混ぜてプチプチした触感と香ばしさを出すことにした。どちらもよく炒っておき、黒ゴマのほうはさらにすりつぶして香りが出やすいようにしておく。これも和風のイメージだ。

❖

中身は、あんこではなく煮豆を主役にすることにした。このパンを作るにあたって和菓子に使う材料をあれこれ調べたところ、一番気になったのが丹波の黒豆だったのだ。味はもちろんのこと、粒が大きくツヤのある見た目もいい。さっそく使うことにした。和菓子好きとしては、豆やあんこも自分で煮たいと

ころだが、誰もが「あんこに関してだけは、餅は餅屋だよ」と口を揃えるので、以前からお願いしている京都の業者さんに依頼する。
　ついでにお願いしたのが白あんだ。もちろん、このパンに使うため。実はひそかに、この白あんこそ黒豆を引き立たせる秘密兵器だと思っていた。デニッシュに黒豆を挟んだだけでは、モソモソしておいしくないが、白あんを一緒に挟むことであんの水分が黒豆とデニッシュの仲立ちをし、飲みものがなくてもスッと食べられるようになる。この白あんはあくまでも緩衝材の役割だから、味はぼやけてるくらいでいい。「開封したら1日で使い切るので」と約束し、ギリギリの糖度で炊いてもらうようお願いする。

❖

　焼き上がったデニッシュは、粗熱が完全にとれるのを待って横半分に切り、丸めた白あんを軽くつぶしてパンにのせる。そこに黒豆を散らし、上のパンをかぶせて完成だ。よく、こだわった和菓子屋さんでは、最中の皮が湿気ないように皮とあんを別にして販売しているのを見かけるけれど、このパンはそうしなくても朝作って夕方までパリッとしている。というのも、デニッシュの中の白いふにゃっとしたところはバターの成分。これがあんの水分を適度に吸収し、また、コーティング剤ともなって湿気を防いでくれるのだ。デニッシュ生地を選んだのは本当に正解だった。
　とはいえ、デニッシュは崩れやすくロスも結構多いから、作業するスタッフには不人気。とくにゴマをふったところがはがれやすく、取り扱いに気を遣う。でも僕にとっては「ロスが出たら僕が食べるからいいよ!」と思うほど、大好きなパンに仕上がった。満を持してAさんのところに持っていくと、「和菓子でもなくパンでもなく……これは他にないよ。これは旨い」とお褒めの言葉をいただき、大満足の結果となった。
　そんな大好きなパンだけど、実際に店で売っていたのはほんの1年くらい。ここ1年は他に力を入れているパンがあったりして作っていない。販売していた当時はあまり気づかなかったが、いまだに「あのパンないの?」と聞かれるからコアなファンがいたのだろう。年配の女性やOLさんはもちろん、意外におじさんからの問合せが多いのだ。僕みたいな男性が買ってくれていたことがわかったのは、ちょっと嬉しい。

Spécialité #06

バゲット

あっさり軽い、脇役バゲット

　朝8時に店を開け、開店直後の慌ただしさが一段落すると、僕は2階に上がる。ほんの20分くらいだけど、この時間が僕の唯一の休憩タイム。いや、打合せをしながらだから、正確には休憩とは言わないか。

　打合せの相手は森一仰君。この店のオープニングメンバーで、その前にも一緒に働いたことがある信頼すべきパートナーだ。彼は朝一番にクロワッサンやデニッシュが店に並ぶよう、前の晩の10時過ぎに出勤→夜通しパンを作って昼頃に帰宅……というサイクルで働いているのだが、朝6時に焼き上がるバゲットの仕込みも森君にお願いしている。そこで、2人でそのバゲットを食べながら、でき上がりの善し悪しやその日の粉の傾向、「老麺（前日の生地）は何％入れた？」といった確認をするのが日課になっている。最近は粉もバゲットもだいぶ安定してきて、「おいしいなぁ」と言い合うだけの日も多いけど、以前はお互い「どうしよう……」と押し黙ったことも。バゲットは1日4回、合計400本を焼く店の主力商品。状況によっては、その日のスケジュールを立て直さなくてはいけないこともあり、この時間は店にとっても大事なのだ。

◆

　普段は自由な発想でパンを作っている僕だけど、バゲットに限っては材料も作り方もきわめて普通。教科書通りだと思う。違うのは、国産小麦の粉で作っていることと、この店がオープンキッチンであること。国産小麦は質のブレが大きいから、たとえば粉のグルテンが弱ければふくらまないし、オープンキッチンは温度の変化が激しく、寒い日にお客さんが多ければドアを開けるたびに室温が下がり、発酵に時間がかかる。とりわけバゲットはシンプルがゆえ、影響を受けやすい。逆にいえば、このパンを常にいい状態に焼き上げることができれば、他のパンもおのずとよくなる。そういう意味で、バゲットは僕のパンの中でもベースになるもので、このパンを中心に店は回っている。

　また、パンに合わせて仕事をする——僕らの都合や作業効率にパンを合わせるのではなく、パンに合わせて僕らが動く——というのが僕の持論で、と

くにバゲットはそう。パンは自然のものだから、たとえば季節によって粉のタンパク質の量が変わるのも当たり前だし、発酵だって毎回同じようには進まない。すごく当然のことなのに、大半のお店ではドゥコン（ドゥコンディショナー。パンの工程を自動制御できる機械）を使うなど、自分たちの作業性を優先している。そういうことをするとどこかパンに負担をかけると思うから、生地の状態を見ながら僕たちが動くのが僕のやり方。森君が夜中に出勤するのも、そのほうがおいしいクロワッサンができるからだし、僕がバゲットにモルトやビタミンCなどの安定剤を使わないのも、そのほうがパンにとってナチュラルだと思うから。これらはフランスでも使用が認められているほど一般的な材料だけど、使わなくても理想のバゲットが焼けるなら必要ない。夏と冬で僕が出勤時間を変えるのだって、バゲットの発酵時間が季節によって違うからなんだ。

❖

とはいえ、理想のバゲットが焼けるようになるには長い時間がかかった。オープン1年目の冬には、オーブンを開けたらまったくふくらんでいない……ということがあり、予約が入っていたレストラン1軒ずつに他の店のバゲットを持ってお詫びに回ったこともある。あの時は本当に悔しくて、「やっぱり国産小麦でバゲットを作るのは無理なのかな」と思ったほど。それでもたまに「今日はいいぞ」という日があって、どうすればそれが毎日続くのかずっと試行錯誤をしてきた。納得するものができるまで、6年近くかかった。

何か素晴らしい解決法が見つかったわけではない。毎日何百本と作る中で、粉のクセを把握し、それをカバーする手段を身につけてきた。バゲットにはハード系の粉と食パン用の粉を合わせて使うのだけど、ブレンドの割合は5：5の時もあれば9：1の時もある。発酵も1時間の時もあれば、寒い日には2倍の時間がかかることも。しかも、粉の状態はミキシングしてみないとわからない。割合も時間も、もう本当にバラバラ。だけどそれでいい。国産小麦もオープンキッチンも自分が選んだものだから、それを言い訳にはできない。そうやってすべて受け入れて、ひたすら試行錯誤してきた。僕のバゲットの歴史は、そのまま国産小麦でパンを作ることの歴史でもあるんだ。

ひとつわかっているのは、1ヵ所でもおかしいところがあるとダメなこと。材料の配合、発酵のタイミングのみきわめ、焼成温度……すべてがうまくいっ

て初めて思い通りに焼き上がる。すごく微妙なバランスで成り立っているパンなんだ。自分でもなぜうまく焼き上がるようになったのか不思議で、説明できないのだけど、経験の蓄積と熟練した感覚が頼りだから、うちの店でも僕と森君しか作れない。これを人に教えるのは正直無理だと思う。

❖

　そんな僕のバゲット、初めて食べた人は拍子抜けするかもしれない。最近はやりのライ麦入りなどの個性派に比べると、すごくあっさりしているから。僕にとってバゲットは料理と一緒に食べるものであり、イメージは「白いご飯」。毎日食べても飽きないのがバゲットなら、ライ麦入りは混ぜご飯なのだ。

　とりわけ僕が重視するのが口どけ。料理と食べる時にパンがモソモソなんて言語道断。唾液だけで溶けるくらいでなければ。また、ガリッとした皮は香ばしくておいしいけれど、料理と一緒の時にはしんどい。口に入れると最初にパリッとした皮が歯に当たるけど、すぐに中身と一体化する……そのくらいの薄さが理想。実際に僕のバゲットをちぎると、皮が薄い層のようになっていて、パリパリという触感はまるでウエハース。誤解を恐れずにいえば、軽いバゲットだ。スカスカという意味ではなく、味や触感が軽やかという感じ。ある意味個性がないから誰にも好まれるし、バターを少しぬるだけでぐっと小麦の風味が出ておいしくなる。これって塩おむすびと同じじゃないかな。

❖

　実はバゲットは2種類焼いている。ひとつは表面にクープ（切り込み）を入れた一般的な形で、もうひとつはクープなし。ある時、クープを入れ忘れて焼いたら、パンパンにふくらみ、皮が薄くふわっとしたバゲットができた。クープがないぶん、ガリッと固いところがなく口どけがいい。ちょっと特殊だから店で販売するのは難しいけど、レストランには向いているんじゃないか？

　何店かすすめるうちの一軒が北浜のフランス料理店「ラ・トォルトゥーガ」。遅い時間まで営業しているお店だけど、クープなしのバゲットなら、皮が薄いため固くなりにくくおすすめだ。さらにお客さんに提供する時には、バゲットを輪切りにせず、適当な幅に切ってそれを縦に4等分してはどうかと提案した。こうすると皮が一面だけになり、多少固くなっても食べた時に気にならないはず。パンが料理の足を引っ張らないよう、僕はこんなことも考えている。

Spécialité #07

天然酵母バトン

思わずビールがほしくなる大人のパン

　ある日、知り合いに「お土産に地ビールをもらったから、一緒に飲もう！」と誘われた。いそいそと出かけて行き、お相伴にあずかっていると、「これまでタケウチさんのパンはいろいろ食べているけど、このビールに合わせるならどのパン？」と聞かれた。偶然、パンを卸しているバーの人からも「ビールに合うパンはないかな？」と言われていたところ。ちょうどいい。何かカッコいいものを考えてみよう。

　こういう時、僕はまず形から入ることが多い。どうしたらバーという空間で、カッコよくパンを食べてもらえるのか。お店の人がいちいち「このパンはビールと一緒に食べていただき……」なんて説明するのも鬱陶しいから、できるだけわかりやすくシンプルなスタイルがいい。

　そうだ、そのバーには外国産のビールがたくさん置いてあって、オーダーが入るとグラスを逆さにし、ビンにかぶせて提供していた。お客さんは自分でグラスをひっくり返し、そこにビールを注いで飲む。「さり気なくていい感じ！」と思っていたんだ。

　それなら、パンをグラスに入れてビールと一緒に提供→お客さんにパンをピックアップしてもらい、空いたグラスにビールを注ぐ→パンをかじりながらビールを飲んでもらう、っていうのはどうだろう。パンは突き出し代わり。ドイツのビアシュタンゲン（ビールのおともに食べる棒状のパン）やイタリアのグリッシーニを、ストローのようにグラスに挿して提供するようなイメージ。うん、見えてきたぞ。

　形がイメージできたら次は味。こちらは早くから構想ができていた。バゲットの生地でベーコンを包んだ、稲穂の形の「エピ」というパン。どのパン屋にもたいていあるけど、前から「エピはビールに合う」と思っていたのだ。だけど、エピ自体はあくまでもベーコンが入った"パン"だから、ビールのアテ（つ

まみ）にはもの足りない。そこで、もっとベーコンを主張させようと生地の量を減らしてみたけど、どうもバランスが悪い。これなら焼いただけのベーコンのほうが、よほどつまみになる。ダメだ。生地を他のものに変えてみよう。

　ベーコンに合いそうな生地をいろいろ試作する。「おっ、これはビールがほしくなる！」と思わせるには何が必要かを考えながら。あくまでも突き出しだから、そんなに量は多くできない。小さくてもガツンとインパクトがあるものがいいだろう。ワインじゃなくてビールに合わせるなら、強めの塩気や香ばしさ、ガリッとした触感も持たせたい。

　となると、パンをしっかり焼き込む必要がある。焼き込んだ時にベーコンに負けないよう、生地自体のおいしさも重要だ。あれこれ試す中で、ベーコンを包んだ時にちょうどいいバランスだったのが、パン・ド・カンパーニュ（天然酵母を使った田舎パン）の生地。天然酵母の複雑な味わいは、ベーコンの香りとも相性抜群だ。ほのかな酸味は味わいのアクセントにもなるし、これは間違いなくビールがすすむはず！

❖

　完成が近づくにつれ、ベーコンにもこだわりたくなってきた。
　そうだ、イタリア料理店で働いていた時に使ったパンチェッタ（豚バラ肉の塩漬け）はどうだろう？　いわゆる生ベーコンだからベーコンのスモーク香はないけど、脂のコクや旨みがリッチでおいしい。さっそくイタリア産のパンチェッタを仕入れ、生地で包んで焼いてみる。……うーん、イタリア産は塩気も旨みもかなり濃厚だから、そのまま食べるにはいいけど、パンに使うには少しのパンチェッタにたくさんの生地が必要になってしまう。いろいろなパンチェッタを試した結果、鳥取のハム会社のものに行き着いた。適度な塩加減と脂が、パンにはちょうどいい。

❖

　グラスに挿して提供するんだから、形は細めの棒状で決まり。グラスの大きさや挿した時のバランス、手でつまみやすい太さなどを考慮し、パンの長さや太さを決めていく。その結果、生地は1本50gに。生地はパンチェッタの"衣"という感覚なので、長さ20cmほどに薄くのばす。そこに、幅5mmくらいに細長く切ったパンチェッタをのせ、上からコショウをガリガリッと挽く。

……そうそう、このコショウも大事なポイントだ。コショウは油脂と相性がいいし、ピリッとした刺激はビールによく合うから、最初からコショウを味のポイントにしようと思っていた。そこで、生地に練り込んだり、成形後に表面にふってみたりしたものの、パンチ不足だったり香りが飛んでしまったりでどうもしっくりこない。どうすれば挽きたての爽やかな香りや刺激が残せるのか。しばらく僕の課題になった。

　最終的にたどり着いたのは、のばした生地にパンチェッタをのせたら、上から3ヵ所ほどコショウをパラッ、パラッ、パラッとふる。コショウ挽きを使うから実際は「ガリッガリッ」だけど、量はそれほど多くないから「パラッ」という感じ。そして、生地を二つ折りにし、手のひらの付け根を使って端から「ドンドンドン」と3ヵ所くらい綴じる。全体を綴じるのではなく、ホチキスのようにところどころ綴じるのがポイントで、わざと生地がくっついたところとくっつかずにヒラヒラのところを作るのだ。焼く間に、綴じ合わさった部分の内側ではパンチェッタの旨みとコショウの香りがぎゅっと閉じ込められ、一方のヒラヒラは焼けてぐっと反り、そこだけ焦げるくらいに香ばしく焼き色がつく。この焦げた苦みも、このパンの大事な味つけのひとつ。おかきのような香ばしさ、ガリッとした触感とともに、ビールをいっそうすすめてくれるはずだ。

❖

　完成した日、依頼主であるバーには「今日は僕が配達に行きますから」と連絡し、店に届けに行った。そして、ただ試食してもらうのではなく、僕が考える提供の仕方を実演した。

　「まずはグラスにパンを入れ、ビールと一緒に提供します。お客さんにパンを取り出してもらい、空いたグラスにビールをつぎます。そしたら、あとはパンをかじってはビールを飲むだけ。いかがでしょうか？」

　カッコいいと思ってもらえるか不安だったが、喜んでもらえたようでほっとひと息。バー用に少し生地を減らしてバトンを細めにする微調整はしたけど、それ以来、ずっと配達し続けている。なかなかお店に行く時間が取れないけれど、今もそんなふうに出しているのかな。

　その姿形から「バトン」と名付けたこのパン。僕の店では、1日100本は焼く超ロングセラーになっている。

Spécialité #08

イル・チプレッソ

究極の食事パン誕生！

「イタリアのパーネ・トスカーノのような白いパンがほしい」

大阪・南森町のイタリア料理店「イル・チプレッソ」の高島朋樹シェフから、そう頼まれたのは2002年頃のこと。

それまで主にフランス系のパンを焼いていて、イタリアのパンのことはよく知らない。高島シェフは「バゲットは僕の料理には塩が際立ちすぎる。塩が入らない、あっさりした味に」と言うけれど、正直、塩が入らないパンなんて考えられない。通常、パンには粉に対して2%の塩を入れるのが基本で、もしバゲットや食パンの塩の量を減らしたら、味がぼやけてクレームがくるに決まってる。シェフにそう告げると「おいしいパンはいらんねん！」とびっくりするようなひと言。こちらもつい「おいしくないパンなんて作りたくない！」と、そのまま4年近くほったらかしにしていた。

ところが、いよいよ「こういう感じで」と具体的なイメージを高島シェフから言われ、やらざるを得ない状況に。シェフは「パン自体に個性はなくて、トマトのパスタにも合うものを。炭水化物同士だけど、パスタを食べるとパンがほしくなるような……」と言うけれど、僕としてはパンだけで食べてもおいしいものにしなければ意味がない。

◆

最初はいつも作っているフランスのハード系のパンをベースに試作開始。イタリアパンのイメージである素朴さ、力強さを意識してイーストの代わりに天然酵母を使い、全粒粉で風味を出して……と自分なりに調整を加えていく。ところが、シェフのところに持って行くと「イメージと違う」とバッサリ。

「旨すぎんねん！」

「見た目がキレイなのはいらない」

「皮がゴツい。フランスっぽいパンはもってのほか」

……パンが旨すぎると怒られたのは初めてだ。そこで現地の本をめくったりして、イチから作り方を見直すことにした。パーネ・トスカーノとは、イタリ

ア・トスカーナ地方の白いパン。味は淡白、中の目が詰まっていて料理と一緒に食べるらしい。塩が入らないせいか焼き色はほとんどつかないというが、個人的に焼き込みの甘いパンは好きじゃない。「あっさりした味で、料理に合う」という課題をクリアしつつ、僕らしいパンとはどんなだろう？

❖

　塩を入れずに試作する。予想していたが、やっぱり味がぼやけた。これを補う方法はないかとあれこれ検討した結果たどりついたのが、天然酵母とビール酵母を併用する方法。メインは天然酵母で、これで生地をふくらませつつ、ビール酵母で風味に複雑さを持たせようと考えた。こうすれば、塩を減らしても「パンに味がない」と感じることはないはずだ。

　ギネスビールと小麦粉を同量ずつ混ぜて一晩ねかせる。泡だらけだが、倍程度にふくらんだものがビール酵母。本ごねとしてここに粉と天然酵母、塩、水を加えてミキシングする。「塩は入れずに」と言われたものの、まったく入れないのはやはり抵抗がある。高島シェフが求める「あっさりした味」と僕の「おいしさ」が両立できる量として、たとえば粉2kgで試作した時に加えた塩は、ほんのひとつまみ。ギリギリまで減らすことにした。

　また、水は粉に対してかなり多めに配合する。国産小麦はバラつきがあるため、時には粉と同じくらい入ることも。この水の量だとミキシング後の生地は水が浮くほどテカテカで、まるで罰ゲーム用の泥プールのよう。通常ではありえない生地の状態だが、このパンに関してはこれでOK。そのまま室温に置いて発酵をとる。ベタベタの生地だから丸くはふくらまない。表面が平らなまま高さだけが倍になればよし。一見液状でもグルテンはつながっていて、持ち上げると生地がひとつにまとまっているのがわかる。いったんパンチをし、再度発酵をとる。相変わらず柔らかいものの、次第に表面がぷるんとしてだいぶ生地らしくなってくる。こうして、徐々にパンに力をつけていくのだ。

　1個330gに切り分ける。このフカフカでおそろしく柔らかい生地を切るのがまた難しい。生地に添わせるようにスケッパーを斜めにすべり入れ、底の部分をすくうようにしてすばやく切るのだが、誰がやってもうまくいかずしぼんでしまうため、これは僕の担当。また、せっかく水が多い生地だから、ベタベタするけど打ち粉は極力控える。なかなか手ごわい生地だ。

その後、軽くベンチタイムをとって成形へ。といっても、表面にハリを出すように手前からざっくりと三つ折りにし、やさしく綴じたら終わり。イタリアのパンらしいラフな形だ。ここでのポイントは、「折る」というより大きな気泡（ガス）を内部に集めるつもりで生地を扱うこと。気泡が表に出ていると焼く間にそこから割れてしまうので、親指以外の8本の指と手のひらを上手に使い、ガスを包み込むようにふわっとたたんで中のほうでそっとつぶす。逆に、小さな気泡はふんわり感につながるから、1個もつぶさないつもりで。なお、柔らかい生地はだれやすく、布にくっついたら終わり。スピードも重要だ。

❖

　さて、ここからがクライマックス。成形した生地は1cm間隔で並べ、230℃のオーブンへ。しばらくすると、まるでフグのようにパンパンにふくらんでくる。パンの間を詰めて並べるのは、釜の中でわざと隣同士がくっつくぐらいにするため。こうするとパンの上面はパリパリに、側面はあまり焼き色がつかずふわっと仕上がるのだ。つまり、焼き込んだ皮の香ばしさと、ソースをよく吸う柔らかいクラム（中身）の両立が可能になる。また、皮はごくごく薄いため、触感的に料理を邪魔することもない。
　焼き上がったばかりのパンの表面はツルツル。ところが、粗熱がとれるにつれてシワが寄り、パチパチ……と音を立ててひび割れてきた。見た目にも素朴なニュアンスが出て、完成した時は「キターーーッ！」とそのまま店を飛び出して高島シェフに走って届けたほど。突然やってきた僕に、シェフは「店はどうした？」と驚いていたけれど、食べた瞬間、シェフにも笑いがこぼれた。
　とにかく香りがよく、塩気はないけど風味はしっかり。水分が多いぶん口どけがよく、つい後をひく。側面の焼きが浅いためパンをつぶしやすく、皿に残ったソースもすくいやすいという"究極の食事パン"に仕上がった。

❖

　最初は「パーネ・フィローネ（フィローネはイタリア語でバゲットの意）」と呼んでいたけど、高島シェフに敬意を表して「イル・チプレッソ」と名付けた。最初は高島シェフに卸して残ったぶんを店に並べていたが、今では「バゲットよりこっちが好き」という常連さんも多く、焼く数も増えた。こんなマニアックなパンが受け入れらえるのは、このうえなく嬉しい。

Spécialité #09

マジョラムのパン

イメージは、お吸いものの柚子の香り

　これもイタリア料理店「イル・チプレッソ」の高島朋樹シェフの依頼で誕生したパン。和歌山にある「宮楠農園」といえば、関西のレストラン御用達の農家さん。うちでもサンドイッチやカフェで使う野菜を、週に2〜3回取り寄せている。その宮楠さんを紹介してくれたのが高島シェフ。何度か一緒に遊びに行っては、畑や栽培の様子を見せてもらっていた。

　ある日、また農園を訪れていた時に高島シェフが教えてくれたのがスイートマジョラムというハーブ。ハウスの中で手に取り、「知ってるか？」という顔で僕を見る。「これでパンを作れないか？」というわけだ。それまで僕はハーブを練り込んだパンが嫌いで、「ハーブのパンがほしい」と言われても断り続けていた。ところがそのマジョラムを鼻に近づけてみると……なんとも言えない甘く怪しげな香りがする。噛んでみると、アールグレー（ベルガモット風味の紅茶）のようなフルーティな香り！　いっぺんで気に入ってしまった。

❖

　でも、いざこれをパンにしようとすると気が進まない。そもそもハーブのパンをおいしいと思ったことがないのだから、仕方ない。アールグレーだって、茶葉を練り込んだパンを作ってみたこともあるけど、「これだったら自分らしいぞ」という手ごたえまでは得られなかった。ましてやハーブはインパクトが強い。それでは料理と一緒に食べた時に、パンの香りが料理を邪魔するじゃないか。だから好きじゃないのだ。

　とはいえ、引き受けてしまった以上、作らないわけにいかない。イヤイヤだけど宮楠さんにフレッシュのマジョラムを分けてもらい、まず一度作ってみた。そうしたら……なんと紅茶のパンと全然違って、すごくおいしかったのだ（笑）。それまではパンに使うハーブといえばドライのイメージが強く、一緒くたに「ハーブのパンは強烈すぎる」と思い込んでいたのだが、フレッシュを使えば独特の鼻につくにおいもない。これなら料理にも合いそうだ。

❖

それからは、一気に火がついて試作の繰り返し。まず葉をちぎって生地に練り込んでみる。焼きたてはおいしいけれど、時間が経つと香りが飛んでしまいもの足りない。葉を乾燥させてから混ぜたら香りが強くなるかな？　と思ったけれど、そうすると葉を水でもどしても食べた時に口に残って触感が悪い。何かいい手はないかな……。

　そこに、宮楠さんが手を差し伸べてくれた。作ったパンを食べてもらおうと送ったところ、数日後に届いた次の荷物に露地栽培のマジョラムが入っていたのだ。

　それまではハウスものだったから、葉も柔らかく香りもやさしい。ところが露地栽培のマジョラムは、いかにも"草"という感じで風味も力強い。これだったら多少時間が経っても香りは残りそうだが、料理と一緒に食べるには、もしかしたらキツすぎるかも。そこで、露地栽培のほうは水で煮出してハーブティーにし、パンの水分として使うことに。そして、ハウスのほうはきざんで生地に練り込み、香りを補うことにした。ハーブを引き立たせるために、あまり焼き込まずに白っぽく仕上げて……。

　でき上がったパンは、ちぎると"ぶわっ"とマジョラムの香りが立ちのぼり、口に入れると噛むごとに練り込んだ葉が味と触感のアクセントになる。2種類のマジョラムがいい具合にお互いの役割を果たし、ナチュラルだけど印象的な香りのパンに仕上がった。

❖

　このパンのベースに使ったのは、「イル・チプレッソ」（46ページ）の生地。つまり、塩はほとんど入っていない。「香りがちゃんとあれば、塩が入らなくても"パンに味がない"と感じることはない」とイル・チプレッソを作る過程で学んだため、同じ生地を使ってハーブを生かそうと考えたのだ。

　具体的には、こね上がったイル・チプレッソの生地に、生地の1割程度のハーブティーを加える。ハーブティーは露地栽培のマジョラムをグラグラ煮出して香りをしっかり抽出し、冷ましておいたもの。ここに前日のバゲットの残り生地（老麺）や粉、ライ麦粉を加えてミキシングする。老麺を加えるのは、葉を練り込むことで弱くなる生地の力を補うためで、入れると生地が締まってくる。また、ライ麦粉を加えるのは、その高い吸水性を利用して生地の水分量を

調整するのが目的で、ライ麦の香りは必要ない。加える量は少量だけど、生地の状態を見きわめながら量を加減するのが難しいため、このパンのミキシングも人に任せることはできない。

　ミキシングが終わる頃になったら、ハウス栽培のマジョラムの葉を細かくみじん切りにする。香りと葉の色を鮮やかに生かすため、きざむのは生地に加える直前に。これを加えたらミキシング終了で、ひと回りほどふっくらとふくらんだら発酵終了。このパンは発酵のストライクゾーンがとても狭く、オーバーになりやすいので注意が必要だ。

　分割は1個32g。香りに特徴があるパンだから、一度にたくさんは食べられない。このくらいがおいしく感じるギリギリの量だと思う。

　先にも言ったが、ハーブの香りを感じさせるため、できるだけ白っぽく、極端に言えば「焼ききらない」ことがこのパンのポイント。焼ききらないとは、皮ができるまでは焼かないこと。皮ができると粉の風味がぐっと立ってくるため、ハーブの香りが薄れてしまう。といって、マジョラムを増やせば、粉の香りもハーブの香りも強い、ただの味が濃いパンになって料理に合わせづらい。僕のイメージは、「お吸いものにほのかに柚子が香るとおいしい」というくらい。けっして強くはないけど、印象的な香り。そのために、いかに少ない量のハーブで香りを引き出すかを考えて行き着いたのが、焼ききらないことなのだ。210℃前後のオーブンに入れ、皮ができる前に取り出す。

❖

　こうして完成したパンは、高島シェフはもちろん、ウチの店でもたちまち評判に。作れる個数に限りはあるものの、順調に売上げを伸ばしていた。

　ところが、思わぬ事態が待っていた。僕がたくさん使いすぎて今度は宮楠さんのほうでハーブの生産が追いつかなくなってしまったのだ。届いたダンボールを開けると、ある時はハウスものだけ、ある時は露地ものだけ……というように、両方揃うことがなくなってきた。そのため、ハーブティーを生地に混ぜるのをやめ、練り込む葉の量などを調整しながら作っていたのだが、今度はベースになる生地が足りなくなってしまった。イル・チプレッソが人気になりすぎて、このパンにまで生地をまわす余裕がなくなったのだ。だから残念だけど今は作っていない。でも、いつか再開したいパンだ。

Spécialité #10

ギネスビールのパン

お題は「苦いパン」

　3年ほど前、大阪・新地のある料理店から「苦いパン」というお題でオーダーが入った。そこはフランス料理と和食を融合した創作料理を出しているお店で、普段から僕のパンを使ってもらっている。このパンも料理に合わせるんだろうけど、「苦い」っていったいどんなパンを求めているんだろう？

　当時の僕が「苦い」で想像できる手法といえば、焦げる寸前まで焼くことくらい。だから、フランスパンをギリギリまで──焦げてはいないけど、ほろ苦く感じるくらいまで──焼いたものを作ってみたけど、全然おいしくない。これじゃ、ただ苦いだけだ。しばらく頓挫してしまった。

❖

　「酸っぱいパン、辛いパンは作れるけど、苦いパンか……」

　ずっと気になっていたある日、「苦い→ビール？」と頭に浮かんだ。一番苦いビールってどれだろう。偶然、仕事帰りに立ち寄ったバーに生のギネスビールが置いてあり、すかさずオーダーした。それまでパンを作る時に少し使ったことはあっても、実際に飲んだことはなかったのだ。飲んでみると……びっくりするくらい苦い！　お店の人には「ちょびちょび飲むものだから」と言われたけど、苦くてちょびちょびでも飲めない。ん？　そうか。じゃあ、これでパンを作ってみよう。

　まず、仕込み用の水をギネスビールに置き換えてみる。でき上がったパンは、まあまあ苦いけど「苦いパン」とまではいかない。何か別の方法はないか。次に試したのが、ギネスと水と粉を合わせて1日おき、これを種としてパンを作る方法。1日おいた種はブクブクと泡立ち、ホップのほろ苦い香りもあってなかなかいい感じ。ここに粉や塩、さらにビールを足して本生地を作り、焼き上げる。食べてみると……お、ビールの風味を感じるし、ほろ苦さもある。完成が近づいてきた気がする！　種に使う水の量を少しずつ減らしていき、最後は粉とギネスだけにした。でき上がったパンを、知り合いのシェフたちに食べてもらったら、評判は上々。これはいい感じだ。

❖

　最終的にはこんな作り方に行き着いた。まず粉とギネスビールを同じくらいずつ混ぜ合わせ、1日おく。翌日にはブクブク泡立ち、香りもすごい。パン生地が発酵した時のアルコール臭ではなく、ホップらしい苦い感じの香ばしい香りがする。これが苦みの大きなポイント。

　ここに粉と生イースト、塩を加え、さらにギネスビールもドボドボ足してミキシングする。ビールに含まれるホップにも多少発酵力があるので、イーストはちょっとでOK。塩もいつもの感覚で加えたら苦みが薄れた気がしたので、控えめに。こね上がった生地は、真っ黒ではないが、グレーのような茶色のようなとにかく濃い色。水分としては粉の9割くらい入っているからドロドロ。これを室温で発酵させる。

❖

　このパンでとくに意識したのは、なるべくビールの苦みを残すように各工程を行なうことだ。たとえば、発酵は1回。パンチはしない。パンチをしたら、まるで気の抜けたビールのように苦みが薄れたのでやめた。もともと店で出していた「ヤギのミルクパン」が、ヤギのミルク特有の青っぽい香りを生かすためにパンチを省略していたこともあり、それにならったのだ。余計なことをしないぶん、ストレートに苦みが出る気がする。

　水分が多いから生地の表面は水が浮いた感じのテカテカだけど、高さが倍くらいにふくらんだら発酵終了。触るとプルプルでまるでスライム（緑色の半固形状のおもちゃ）のようで、グルテンがつながっているのがわかる。パンチをしないこともあって生地が柔らかく、少しでも発酵をオーバーするとバンジュウから取り出しただけでもすぐにしぼんでしまう。扱いには注意が必要だ。

　分割は1個40g。風味がしっかりしているから、「マジョラムのパン」（50ページ）と同様、大きく焼いたらとても食べきれない。このくらいがこのパンにはふさわしい。打ち粉をしてざっと丸めたら、少し放置して休ませる。

❖

　さぁ、ここからが重要。成形だ。ベタベタの生地を丸めるのは難しいが、とくにこれは絶対に手にも台にもくっついたらダメ。生地を人差し指と中指の先だけで引っ掛けるように底をヒョイッと持ち上げ、ちょんちょんと打ち粉を

つけたら、手のひらは使わず指だけでささっと丸める。「ぴゃーっ」というか「ピュルッ」というか (笑)、言葉で表すのは難しいけど、とにかく素早く！ ゆっくりやっていると手にも台にも生地がくっついてしまう。丸め終えたら、ちょんちょんとつけた打ち粉が表面全体に行き渡っていて、ベタッとしたところがない。手にも台にも生地がついていない。これが理想だ。

　そしてオーブンへ。ギネスの香りと苦みを主張させるため、このパンは皮を薄く焼き上げるのがコツ。焼き上がったパンは、外側も中も茶色。中を割ると、生地の気泡が透明感のある網目状になっていてまるでビールの泡のよう。ギネスのほろ苦い香りがぶわっと漂い、口に入れると「あ、黒ビールだな」とわかるほどだ。

❖

　完成した瞬間、「これは喜んでもらえそうだ！」と確信するほど自分でも納得がいく出来に仕上がった。知り合いのシェフたちからも「旨い、旨い」と褒められた。ところが、最初はなかなか売れなかった。……というか、最後まで売れなかったのだ。店が忙しくなって以来、パンが売れ残ることはまずなかったというのに、これだけが残ってしまう。なぜ？

　お客さんの様子をうかがってみると、「苦い！　なんやねん、これ！」とびっくりする人が多いという。仕方ないから売れ残ったものを持ち帰り、サンドイッチにして食べてみた。そうしたら……すごくおいしかったのだ (笑)。そうか、ドイツの"なんとかニッケル"みたいな名前のパンのように、そのまま食べるより、何か挟むと旨いパンなんだな。チーズとか生ハムを挟むだけでも、パンのほろ苦さとあいまって「大人のサンドイッチ」という感じですごくおいしい。自分がサンドイッチ屋をやるなら、ぜひ揃えたいパンなんだけどなぁ。実際に卸したレストランでも、チーズフォンデュに添えて出したら、びっくりするくらいおいしかったと聞くし……。

　でも、残念ながらお客さん受けは悪かった。そして「マニアックな料理人が喜ぶようなパンは、お客さんには喜ばれない」ということがよーくわかった (笑)。僕自身はこういうの、大好きなんだけど。だからこのパンで得たものといえば、「苦いパンもできるやん」ということ。焦がすだけじゃない。添加物を使わなくても、ほろ苦さを出すことはできる。これは間違いなく収穫だった。

Spécialité #11

白パン

噛むほどに甘みが出るご飯みたいなパン

　このパンは、2軒のフランス料理店での食事がきっかけで生まれた。まずは、大阪・北浜の「ラ・トゥルトゥーガ」。名物の仔羊の煮込みを食べている時に、ふと「これはご飯が食べたくなる味だな」と思った。

　そして別の日、日本橋にあった「キュイエール」(現在閉店)で食事をしていると、隣の人が卵をのせたトマトの煮込みのようなものを食べていて、一緒にご飯が出てきた。「フランス料理にご飯?」と驚きつつも、トゥルトゥーガの一件もあるから自分でも体験してみたい。実際に食べた感想としては、「ご飯も合うんだなぁ」とは思ったけど、正直「むっちゃ合うな!」とまではいかなかった。おいしいけれど、ボウルに入った白米はやっぱり違和感がある。フランス料理に合うご飯のようなパン。ご飯のようなパンで、フランス料理に合うもの……僕に作れないだろうか?

◆

　さっそくイメージをふくらませる。今回のキーワードは「ご飯」だから、触感はモチモチ、ネチネチと粘り気のあるほうがいい。味は白米のようにシンプルで、色は白っぽく。そして、噛んでいくうちにご飯のように甘みが出てきたらベストなんだけど、こんなの実現できるかな。

　このパンに関しては、他に参考になるパンがなかったから文字通り手探り。とにかくイメージに近づくよう、イチから考える。

　まずは材料。白米という想定だから、材料はシンプルなほうがいいだろう。小麦粉、塩、イースト、水……以上。これはバゲットと同じだ。少し違うのは、粉を1種類しか使わない点。僕はすべてのパンを国産小麦で作っていて、基本的にハード系のパン用のERという粉と、食パンなどに使うタケウチオリジナル粉(いずれも江別製粉)の2種類をブレンドして使っているのだけど、このパンは唯一オリジナル粉100%で作る。

　理由は簡単で、これが僕の粉の中で一番タンパク質が多いから。といっても、国産小麦だから外国産の強力粉ほどは多くなく、中力粉と強力粉の間くら

い。タンパク質が多いということは、グルテンの量も多いということ。グルテンが多いほど生地の網目組織が強くなり、引きの強いパンができる。つまり、弾力のあるモチモチした触感になるわけだ。

　水やイーストの量、発酵時間などは実際に試作をしながら調整を繰り返す。頭にあったのは、グルテンを最大に引き出すために、発酵はできるだけ長くとりたいということ。そこで、イーストは混ぜるとすぐに力を発揮する生イーストではなく、ゆっくり発酵が進むドライイーストを使用。また、時間をかけて生地をつないでいくイメージで、水の量も多めにする。そのほうが焼き上がったパンも柔らかく、皮もバゲットのように固くなることはない。

　最終的に水は粉と同量くらい入れることにした。ミキシングを終えた生地は、まるでパンケーキの種のようにトロトロ。水気が多いぶん生地に力がないので、途中でパンチを1回入れて2時間ほど発酵させる。粉の状態などによって生地が柔らかすぎる場合は、パンチの回数を増やして力をつけていく。そんな時は発酵時間が3～4時間になることもある。

　発酵後の生地は、一応ひとつにまとまり、ぷるんとした弾力も出ているけど、相変わらず柔らかい。つぶれやすいのでそっと台に取り出し、打ち粉を思いっきりふってスケッパーでふたくちサイズくらいに切る。本当はここで成形をしたいのだが、とても丸められないから切りっぱなし。分割兼成形だ。この後粉をふってオーブンに入れるが、柔らかい生地には指の跡がつきやすいので、できるだけ触らないように気をつける。

　焼く時にはたっぷりの蒸気を入れるのがポイントだ。焼き色がつくとどうしても小麦の香りが出て、ご飯のイメージが一気にパンに近づいてしまう。色づかないよう、まるで蒸すように下火だけで焼いていく。すると生地は白っぽいままで、お餅のようにパンパンにふくらんでくる。

◆

　焼き上がったパンは、一見フワフワのようだけど、ちぎるのにちょっと力がいるほど引きが強い。その意外な弾力は、アゴの運動になりそうなほど(笑)。料理の邪魔をしないあっさりした味わいで、クラム(パンの中身)はよくのびてスポンジのよう。フランス料理のソースをよく吸ってくれそうだ。

　このパンで一番難しかったのが、「噛んでいくうちに甘みが出てくる」のを

どう表現するか。砂糖や脱脂粉乳を少し加えるだけでぐっと甘さが出るので、最初のうちは加えていたのだが、料理と一緒に食べるとどうも合わない。甘みがなんかわざとらしいのだ。僕がほしいのは、お米のような自然な甘み。何かいい方法はないかといろいろ試した結果、解決してくれたのが塩だった。塩は素材の甘みを引き出してくれるから、もともと多めに入れていたのだけど、沖縄の塩に変えたらテキメンだった。自然な製法で作られたもので、ミネラルを多く含むから塩自体に甘みがある。粉の甘さを引き出すのはもちろん、塩自身の持つ甘みがパンにナチュラルな風味を与えてくれるのだ。

❖

さて、完成したパン。フランス料理から生まれたパンだから、ぜひレストランで使ってほしい。ランチタイムにカゴにどっさり盛ってテーブルにポンと出す……そんなことができるレストランはないかな? と思っていたら、ちょうど近所にあるフランス料理店「ルール・ブルー」の南條秀明シェフからパンの依頼があった。「ランチメニューをコース仕立てにするからパンも変えたい。少し遊びがほしいんだ」と。なんてタイミング! 僕の考えを話すと、「それはいいね」とすぐに反応してくれ、さっそくルール・ブルーに卸すことになった。

南條シェフの店では、色づかない程度に軽く焼いて前菜と提供しているという。そのまま食べるとモチモチで、少し焼くとお餅のような感じが出るとか。南條シェフの料理はガツンとしたビストロ料理というより、野菜もたっぷり使った穏やかな味だから、あまり個性の強いパンは料理を邪魔してしまう。「とくにランチは女性のお客さんが多いから、バゲットよりこのパンのほうが合う」と言ってくれている。僕自身も、食べるたびに本当にお米のようだなと思い、一度梅干しを挟んでみたら、おにぎりのようですごくおいしかった(笑)。子供にもお年寄りにも喜ばれるパンになったと思う。

ただし、これはあくまでもレストラン向けに作ったパン。普段は店に並べておらず、レストランからの発注が少なかった時にだけサンドイッチを作って販売している。具材はペッパーシンケン(コショウ風味のハム)とレタス、コルニション(小さなピクルス)、粒マスタードにパルメザンチーズ。お米のようなパンだから、漬けものであるコルニションと相性抜群。モチッと引きの強い触感も手伝って、小さいけれどインパクト大のサンドイッチになった。

{ ブランジュリ タケウチのコンセプト }

ブランジュリ タケウチの魅力はパンだけではない。
目の前が公園という立地、パンを作る様子が売り場から見える
臨場感たっぷりのオープンキッチン……
魅力あふれる店作りは、竹内シェフが開店前に作り上げた
綿密なコンセプトに裏打ちされている。
数あるコンセプトのうち、ここではタケウチを語るうえで
とくに欠かせない5つのキーワード、
「立地」「オープンキッチン」「ディスプレイ」「お客さん」「スタッフ」を取り上げる。

ブランジュリ タケウチのコンセプト――**1**

「公園の前で」と決めていた

　以前から自分が店を持つなら公園の前で、と決めていた。
　原風景はフランス。パン屋から出てきた人たちが、さっそく近くの公園に寄って買ったばかりの焼きたてパンにかぶりつく……そんな光景がすごくいいなぁと感じて、独立する時にはそんな食べ方が実現できる場所で、と思い描くようになった。
　ところが思うような物件が見つからず、ひとまず2000年11月、靱公園の北側にオープンした。公園からは歩いて30秒ほどだったけど、面していたわけではなかったから、ひそかに物件を探し続けていた。
　そのうち、店がすごく忙しくなり、昼過ぎにはパンが売り切れていったん閉店、必死に焼いて夕方から再開、なんていう日が続いた頃、見かねた常連のお客さんが「うちのビルを使わないか」と声をかけてくださった。それが今の大家さん。前の場所から徒歩3分。公園の南側になるが、道路を挟んで目の前が公園という願ってもないシチュエーション。「オープン2年半でもう移転?」と心配する人も多かったけど、僕は「契約します!」と即答。03年5月に今の場所に移ってきた。

　今の店は窓を大きくとっているため、店の中にいても公園の様子がよく見える。暖かくなってくると外でランチをする人、散歩の途中にひと息つく人たちで公園がカフェのようになる。そこにうちの袋を提げた人たちが大勢いるのが本当に嬉しい。親子でサンドイッチを食べたり、休日にはワインやチーズを持参したグループがうちでパンを買ってくれたり。思い描いていた光景が目の前にある。
　昨年のこと。店は定休日だったが、お花見で賑わう公園を見て「なんかやろう!」と、急きょ僕ともう一人のスタッフだけで、焼きたてパンとドリンクの「花見セット」を作り、販売したことがある。陳列台をひとつ外に出し、プレーンのフォカッチャにソースをぬり、チーズをのせて焼いたアツアツを台にのせ、お客さんの前で切り分ける。飲みものはビールやペリエ。何の告知もしなかったけど、またたく間に行列ができてあっという間に用意していた生地がなくなってしまった。「楽しいなぁ!」と思ったのはつかの間だったけど、こんなことが急にできるのもこういう立地ならでは。ひそかに、またやろうと思っている。

1：靭公園は大阪市内でも屈指の緑豊かなところ。ジョギングや散歩をする人で1日中賑わう。2：昼間は親子連れが多い。パンをランチやおやつに。3：店の目の前が公園。新緑の季節はとくに気持ちいい。4：窓を大きくとっているため、店内からも外の様子がよくわかる。

ブランジュリ タケウチのコンセプト——2

オープンキッチンにした理由

　初めて来たお客さんは、店に入ったとたん、一様に驚いた顔になる。約15坪のスペースの大半が厨房で、しかもすべてが見渡せるオープンキッチン。すぐ目の前でパンを作っているのだから。

　僕がこういう設計にしたのは、とにかくすべてをお客さんに見てもらいたいから。パンの全工程——生地の仕込みから発酵、成形、焼き上がりまで——はもちろん、ジャムを作るためにフルーツの皮をむくところからとにかくすべて。これは「全部自分たちで作っています。安心して召し上がってください」というメッセージだ。

　また、オーブンを陳列台のすぐ近くに設置したのは、パンが焼き上がったらすぐに店頭に並べられるようにするため。オーブンから取り出したパンが数秒後には自分のトレーにのっている、というのはワクワクするし、食べる楽しみもさらにふくらむはずだ。

　パン屋でオープンキッチンが珍しいのは、どうしても粉が舞うし、温度管理も難しいから。僕自身も空調や排気設備を相当研究し、そのつど改善してきた。おかげで厨房に関するクレームは一度もない。もちろんスタッフは常に見られながらの仕事になるため緊張感はあるが、お客さんと直接向き合うことで学べることは、厨房にこもって仕事する時の比ではない。

　なお、オープンキッチンということは、こちらからもお客さんが見えるということ。それこそ顔色まではっきりわかり、それがパンのラインアップを見直すきっかけになったこともある。

　ある日ふと、常連さんたちが揃ってふっくらしてきたことに気づいた。そういえば、僕も体重が増加中。「もしかして、僕のパンのせい？」

　また、時々耳にするアレルギーの子供さんの「僕の食べられるパンある？」という声が本当につらかった。せめて卵や乳製品を使わないパンを増やそうと思い、ブリオッシュを使ったパンを減らし、ベーグルや乳製品を使わない食パン、ハード系のパンの開発に力を入れ始めたのだ。今では、全盛期に比べてバターの使用量が半分くらいに減っている。

　顔が見えるからこそ、こんなパン作りが可能になる。もうオープンキッチン以外の店は考えられない。

1：売り場から見た厨房。厨房のほうが一段低くなっているため、スタッフが忙しく動いていても圧迫感がない。2：「これはどんなパン？」などスタッフに話しかけるお客さんも多い。3：大きな作業台の前がシェフの定位置。手を動かしつつも「いらっしゃいませ」「ありがとうございました」は欠かさない。4：常にパンの補充に追われる。5・6：ジャム作りや生地の発酵もお客さんの目の前で行なわれる。

067

ブランジュリ タケウチのコンセプト———3

おいしさを伝えるディスプレイ

　売り場のレイアウトを考える際に心に決めていたのは、パンだけを置きたいということ。主役のパンがあれば、他に何もいらない。それこそパンで飾るような空間にしたいと考えた。

　パンを並べるスペースは、店を入って左手の窓際、右手の厨房に面したところ、そしてその突き当たりの3ヵ所。そこに棚ではなく大きな平台を置き、一面にわーっとパンを並べることにした。平台は低めにして厨房も窓の外もよく見渡せるように。通路は幅120cmほどだが、開放感を持たせることで少しでも広く見せるようにした。

　陳列台にも工夫をしている。たとえば高さは「ワクワクするような、思わず手が伸びる高さはどのくらいだろう？」と自分なりにリサーチした結果、お祭りの夜店をヒントに。あの屋台の高さって70cmほどと意外に低いのだけど、大人の目線でも子供の目線でもなんかワクワクするという理想の高さ。それを参考にした。

　また、僕のパンは形がさまざま。だけど陳列した時に整然として見えるのは、四角いパンはピラミッドのように積み重ね、ボール型のパンはカゴに無造作に入れる……というように、パン1個ずつに決まった並べ方があるから。試作段階から頭の中では「このパンはあのカゴに積み重ねよう」などと考えている。ディスプレイで大切なのは、どうしたらそのパンが魅力的に見えるか。もちろん、お客さんの取りやすさも充分考慮する必要がある。

　時計も置かない店の、唯一の飾りらしいものといえば花。神戸の花屋さん「エルブ・ド・カンパーニュ」に週に一度、アレンジをお願いしている。さり気ないけれど、あの花を眺める中でパンのアイデアが浮かぶことも多く、僕には欠かせない存在だ。

1：トレーやカゴはシェフ自身が好きで集めたもの。買い求めた場所はバラバラなのに、不思議な統一感がある。2：唯一の飾りが花。「エルブ・ド・カンパーニュ」の加藤正治さんは「ダニエル」時代に知り合った、公私ともに尊敬する人。

店に入って左手の窓際の台（3）、突き当たり（4）、右手の厨房前（5）の3ヵ所の陳列台。窓際にはトレーやカゴにのせたタケウチ定番のパンやベーグル、サンドイッチが、突き当たりの棚にはハード系のパン、厨房に面した台にはバゲットやクロワッサン、各種菓子パンが並ぶ。

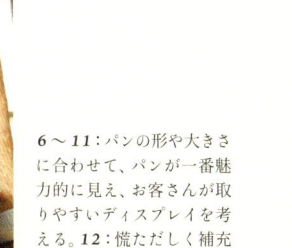

6〜11：パンの形や大きさに合わせて、パンが一番魅力的に見え、お客さんが取りやすいディスプレイを考える。12：慌ただしく補充に追われる時でも、美しいディスプレイを心がけて。

ブランジュリ タケウチのコンセプト――4

いろんなお客さんが来る店に

　ケーキ職人をめざしていた僕がパンに転向したのは、「ケーキと違い、パンは毎日食べられる」と思ったから。だから毎日食べても飽きないパンを常に意識しているし、ご近所の人がパジャマ姿で朝食用のパンを買いに来るような店でありたいと思っている。店の内装だって、どんなお客さんが来ても違和感がないようにシンプルなものを心がけたんだ。

　おかげさまで今はおじいちゃん、おばあちゃんをはじめ、幅広い年齢層の方が来てくれる。今でこそいろんなパンを買ってくれるけど、最初はやっぱり食パンやあんぱんが人気で、パン・ド・カンパーニュなどのハード系や、僕が得意とするユニークな形のパンは「食べ方がわからない」となかなか買ってもらえなかった。でも、何度か通っていただくうちに「あれはどんなパン？」とスタッフに聞いてチャレンジしてくださったり、お客さん同士で「これおいしいの」と教え合ってくださったり。こうやって一度理解してくれた人は絶対に浮気をしないし、長年通ってくださる。本当にありがたいことだ。

　また、ここ数年で増えたのが男性のお客さん。ランチタイムはもともと多かったけど、それ以外の時間にも一人でやってきてお目当てのパンを買ってサッと帰る……なんて姿をよく見かける。男性は一度「このパン」と決めたら、それを買い続ける人がほとんど。窓の外から店内をのぞき、お目当てのパンがないとスッと踵(きびす)を返す。それに、こんなこと今まで働いた店では絶対になかったけど、年配の男性がわざわざ電話でパンを予約してくれるのだ。自慢じゃないが、日本一「おじさん率の高い店」だと思う（笑）。

　それに一役買っているんじゃないかと思うのが警備員さんの存在だ。最初は、店に入りきれないお客さんや車で来た人の誘導・整備をお願いしていたのだけど、今ではドアマンとして扉の開け閉めから、店の外でお留守番中の子供さんや犬のお守りまでしてくれ、すっかり店の顔。お客さんのことは僕よりも詳しいくらいで、立ち話をしていく常連さんもちらほら。その警備員さんが「以前は女性客が8割だったけど、今は半々。時間によっては男性のほうが多い時も」と言うくらいだから、本当に増えているんだろうなぁ。

1：常連さんの中には年配のご夫婦も多い。「あのパンおいしかったよ」などつい会話がはずむ。2：最寄り駅の地下鉄本町駅周辺はビジネス街だからか、スーツ姿の男性客が本当に多い。女子社員へのお土産か、小さいパンをまとめ買いする人も。3：昼下がりの風景。ベビーカーを押すお母さんをはじめ、さまざまなお客さんで賑わう。4：すっかりおなじみになった警備員さんが扉を開ける図。偶然だが警備員さんの名前も竹内さん。お客さんともすっかり仲良しで、今年のバレンタインのチョコの数は過去最高だったそう。5：スーツ姿にタケウチのパン袋、この周辺では見慣れた光景だ。

ブランジュリ タケウチのコンセプト —— 5

スタッフのこと

　最初は僕を含めて3人でスタートしたこの店も、忙しくなるにつれて人手が必要になり、今はカフェも含め15人前後のスタッフがいる。

　人数が増えれば新たな問題が出てくる。3人ならばお互いの「あうん」の呼吸でできたことも、10人になればそうはいかない。とくにこの店は国産小麦を使ってパンを焼くため、粉の状態によってはスケジュール通りにいかないことも多い。でも、焼く予定は常に目いっぱい入っている。そこで「この生地は発酵が遅れているから、あっちを先に焼こう」などと臨機応変に調整しながら進めていくわけだけど、その時に不可欠なのが連携プレー。各ポジションのスタッフの「1時間後に、オーブンが◯分間空きます」などの声かけが重要で、そのあたりがうまくできないと店が回らないのだ。

　でも、なかなかうまくいかない。人材はどの業界も共通の問題だけど、難しいなぁと思う瞬間だ。全員が同じテンションで楽しく働けたら……と思うけど、実際はなかなか難しくて「もう、自分一人でやりたいなぁ」なんて考えたことも一度や二度じゃない。それこそ、「スターバックスでは若い子がイキイキと働いている」と聞いて、関連書を読み漁ったことだってある。それでも結局は「お客さんたちのことを考えるとそういうわけにはいかないなぁ」と思い直すのだけど（笑）。

　この店のスタッフが大変なのは、オープンキッチンゆえにパンを作るだけが仕事じゃないこと。お客さんから丸見えだから、常にキビキビ動かないといけないし、「あのパン何時に焼ける？」「これはどんな味？」とお客さんに話しかけられることも多いから、接客も大事な仕事だ。

　僕としてはお客さんが一番大事だから、そういう時に仕事の手を止めるのはもちろんOK。スタッフにはいつも「お客さんを見て仕事してほしい」と言っている。

　仕事でも余裕があるスタッフは、お客さんとの会話もきちんとできる。うちではそこまでできて初めて一人前。お客さんの中には予約の電話の時に「◯◯さんに代わって」とわざわざスタッフを指名する方もいて、そういう光景を目にするのはとても嬉しい。パン一つひとつにファンのお客さんがいるように、スタッフ一人ひとりにお客さんがついたらいいなと思っている。

タケウチではパンを作る以外に陳列や接客も大事な仕事。フルオープンキッチンゆえに、すべての作業がお客さんから見える。シェフを中心に全スタッフがていねいに、イキイキと仕事すること。それが店の雰囲気作りにつながるのだ。

{ 「どこにもないパン」の作り方 }

パンの形や素材使いなど、一度見たら（食べたら）
忘れられないほどユニークでインパクトのあるブランジュリ タケウチのパン。
この章では竹内シェフのパン作りに対する独自の哲学から、
タケウチのパンに不可欠な国産小麦の粉、パンの型、
お茶やお酒に合うパン、シェフの発想を支える仲間の存在まで、
さまざまなトピックを縦横無尽に紹介する。
「どこにもないパン」がどうやって作られるのか、その秘訣の一端が見えてくる。

僕はこうしてパンを作ってきた

独学でパンを作り始めた

　小学生の頃、テレビを見て憧れたのはパティシエだった。ケーキ屋さんになりたくて、中学校を卒業する前に自分で決めた就職先が、地元で一番のケーキ屋さん。シェフに「今からやれば20代で店が持てるぞ」と言われ、定時制高校に通いながら修業を始めた。

　この頃から「自分の店を持つ」とはっきり意識していて、在学中には1年間コーヒー専門店でも働いた。これは「ケーキ屋をやるのに、コーヒーも勉強しておく必要がある」と思ってのこと。まだ時間に余裕がある時に、何でも身につけようと考えたのだ。卒業後もケーキ店で働いていたが、まもなくバブルが崩壊。急に店がヒマになってしまった。ところが、向かいのパン屋はいつも混んでいる。なぜだ？　そうか、ケーキと違ってパンは毎日食べられる。そのことに気づいた時、「パン職人になろう」と目標を切り替えた。

　その後、製パンの専門学校を経て「大阪で一番忙しい店で働きたい」と、大手ベーカリーに就職。とりわけ忙しい店舗に配属され、がむしゃらに3年働いた。パンはすごく売れるし、自信満々で作っていたのだが、ある時恩師である江崎先生（元・辻調グループ校教授）に「お前、そういうパンが作りたいんか」と言われて目が覚めた。それまで僕が焼いていたのは、あくまでもそのベーカリーのパン。決められたレシピ通りに作るだけでは、とても自分でパンを焼いているとは言えない。「このままじゃダメだ」と退社し、あるベーカリーレストランに就職した。そこでいきなりシェフを任されることになり、これが僕の大きな分岐点になった。

　というのも、誰も教えてくれる人がいないから、とにかく自分で勉強するしかない。僕にできることといえば本を読み漁り、それを自分なりにアレンジするぐらい。ほとんど独学でパンを焼き始めた。どうすればいいか、何が正しいのかもわからないまま、とにかく自分の味覚や感性を信じて試作を重ねてパンを作っていると、「レオ ナイスブレッド」（大阪・玉造）の中村誠一郎シェフ（故人）が「君、きれいなパンを焼くなぁ」と声をかけてくださった。それまでは「これでいいのかな？」と思いながら仕事をしていたけど、その一言で「自分で勉強してもで

きるんだ！」と自信を持ってパンを焼くように。こ こから、僕のオリジナルのパン作りが始まった。

どこにもない店、どこにもないパン

「30歳までに自分の店を持とう」と決めていたから、それまでに何を学び、身につけるべきかを意識しながら働いた。一時期ピッツェリアに勤めたのも、おいしいサンドイッチを作るために料理を勉強したかったから。その最たる例が、神戸のパティスリー「ダニエル」だ。そろそろ独立しようと物件を探し始めた頃に、中村道彦シェフから「パン職人を探しているんだけど」と声をかけられた。今度オープンする店でパンを販売したいという。「物件を探しながらでいいから」と言われて働くことになったのだが、ここでの1年間は「独立前の仕上げ」と言うにはもったいないほど貴重な日々だった。

最初、それまで作っていた僕の自信作を焼いたところ、中村シェフからはダメ出しの連続。その理由が「ダニエルのイメージと違うから」。それまで僕は「おいしければいい」と思ってパンを焼いてきたけど、店をやる時はそれだけでは通用しないという。大事なのは「これぞダニエル」「これぞ中村シェフ」という強烈な個性があって、それが全商品に浸透していること。たしかに、ダニエルのケーキにはどれも「いかにもダニエル」というオーラがある。納得した僕は、試作をしては中村シェフに食べてもらいながらダニエルらしいパンを作っていった。シェフができ上がったパンの売り方まで指示するのにはびっくりしたけど、その通りに並べてみるとなるほどカッコいい。中村シェフのセンスはもちろんだが、ここまで徹底するからお客さんに支持されるのだと思い知った。どこにもない店、どこにもない商品はこうして作る——これは、独立する時に本当に役に立った。

もちろん、パンに関してもおおいに影響を受けた。なにしろ僕が国産小麦でパンを焼くようになったのは、中村シェフに「これがウチの粉だから」と「はるゆたか」の粉を渡されたのがきっかけ。粉の使いこなしをはじめ、フワフワのブリオッシュやおいしいカスタードクリームなど、ダニエルでの経験で僕のベースになったものも多い。ブランジュリ タケウチをオープンしてしばらくは、新しいパンを作るたびに「これはタケウチっぽいかな？

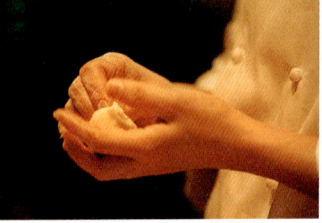

中村シェフならOK出すかな？」と自分に問いかけながらパンを作っていた。

パーツを集めている

　この店をオープンする時に僕は、とにかく「どこにもないパンを作ろう」と考えた。用意していたレパートリーは500。その中から100種類ほどを、朝→昼→夕方と時間帯ごとにアイテムを変えながら店頭に並べることにした。また、クリームパン、あんぱん、メロンパンなどの菓子パンには、飲みものがなくても食べられるように多くをブリオッシュ生地で作ることに。口どけをよくするためにバターの量を限界まで増やすなど、オリジナルのパン作りにも挑戦し始めた。

　オープンからしばらくは、お客さんに喜んでもらいたいという気持ちと、飽きられないようにとの思いから、精力的に新作を店に出していた。多い時には1ヵ月に30種類にもなり、閉店後や休みの日はひたすら試作に明け暮れた。新しいパンを作るのは僕にとって趣味のようなものだから、それはそれで楽しくて仕方なかった。

　新しいパンを考えるのに役立ったのが、それまで集めてきたパーツ（引き出し）だ。僕は他にないパンを作りたいから、他店のパンやパンの本は見ない。その代わり、レストランや雑貨店では店を出るまでにパンを1個は考えるようにし、本や雑誌もジャンルを問わず月に50～60冊は目を通していた。オリジナルのパンを焼こうと思ったら、パンだけを作っていてはダメ。何でも興味を持ち、この店はなぜ人気なのかといった問題意識を持たなければ。僕自身は自分でやってみないと気が済まないし、とことん知りたいタチだから、たとえばコーヒー好きが高じて豆の焙煎機まで購入するし、家具なんかも気になると「使ってみなくちゃわからない」と一式揃えてしまう。これらは一見パンに結びつかないけど、僕の経験でいえば必ずどこかのタイミングで役に立つ。コーヒー豆の焙煎は、アーモンドプードル用にアーモンドをローストする時、コーヒー豆と同じように「浅煎り」「深煎り」で考えると僕は理解しやすかった。こんなパーツが僕には膨大にあり、パン作りの大きなポイントになっている。

　また、ここ数年は、イル・チプレッソ（46ペー

ジ）やギネスビールのパン（54ページ）のように、水分をすごく使ったり黒ビールを水代わりにしてパンを作るなど、さらにマニアックなパン作りに取り組んでいる。パンによっては粉に対して水を1.5倍近く入れるなど、他の人が見たらきっと「邪道」以外の何ものでもない。自分でも人と違うことをやるという意味で、ブリオッシュにハマっていた時が第一次反抗期だとしたら、ここ2年は第二次反抗期だと思う（笑）。でもこれらは、イメージしたパンを実現するために試行錯誤する中で生まれた方法。こういうパンができたことでまたひとつ殻を破ったというか、新しい手ごたえを得た。独自のパン作りにはますます拍車がかかっている。

人のつながりがあってこそ

　こうしたパン作りで忘れてはならないのが、人とのつながりだ。イル・チプレッソやギネスビールのパンは、イタリア料理店「イル・チプレッソ」の高島朋樹シェフから依頼されて誕生したものだし、他にも「ラ・トォルトゥーガ」の萬谷浩一シェフをはじめとするシェフたち、江別製粉の担当者、契約農家の方、型を請け負ってくれる職人さんなど、多くの人との出会いがあってこそ、僕は今、満足のいくパンが作れている。

　また、この店のオープニングメンバーである森一仰君との出会いがなければ、今のような店はできなかっただろう。彼とはピッツェリア修業後に勤めたパン屋で出会ったのだけど、こんな器用な人間に会ったのは初めてだった。一度は別の店に勤めたが、僕が独立する時についてきてくれ、以来ずっと一緒にやってきた。マニアックすぎて難しい生地の仕込みなども、彼にはすべて任せることができる。それこそ、新しく考えたパンは必ず彼に食べてもらい、「どう？ タケウチらしい？」と判断を仰いでいる。朝8時の開店時にパンが並ぶよう、彼は前日の夜10時頃に出勤して仕事を進めている。彼がいないと店が成り立たないと言えるほど、大切な存在だ。

　もちろん、お客さんの存在は言うまでもない。日々お客さんから元気や刺激をもらい、その声を受けてパンのラインアップを見直したり、新作のヒントにすることも多い。人とのつながりの大切さを実感する毎日だ。

粉のこと

　僕は店のパンを、基本的にすべて国産小麦を使って作っている。

　きっかけは神戸のケーキ店「ダニエル」。パン職人として呼ばれた時に「これがウチの粉だから」と渡されたのが北海道産の「はるゆたか」だった。それまで「国産小麦はタンパク質が少ないからふくらまない」と話には聞いていたけど、実際にやってみると本当に形も触感も悪い。目が詰まって重いのが国産小麦の特徴、なんて本には書いてあったけど、僕はそういうパンは好きじゃない。だから「国産小麦でもふっくらおいしいパンを」と徹底的に研究をした。次第にコツがわかってきて、今は基本的にミキシングを浅めにし、そのぶん発酵を長くとることで生地をつないでいく……そんなイメージでパンを作っている。

　今、僕が主に使っているのは、江別製粉のハード系用の「ER」とタケウチオリジナルの食パン用の粉。この2種類をパンに応じてブレンドして使っているが、そのブレンドの割合も粉の状態次第。同じパンでも5：5の時もあれば、日によっては9：1なんて時もある。

　使い始めた当初は「なんでこんなに扱いづらいのか」と思ったけど、小麦は農産物。ワインと同じでいい年もあれば悪い年もある。ましてや国産小麦は天候の影響を受けやすい……そう思えば、バラつきも当たり前。僕らが粉の状態に合わせて作り方を調整すればいいのであって、むしろそういうところこそ国産小麦のおもしろさだと思うよう

使用するのはすべて国産小麦の粉。2004年には製粉会社と共同でオリジナルの粉も開発した。

になった。カタログなどに「この粉はタンパク質○％」と明記されていると、本当にブレないのかな？　と違和感を覚えるくらいだ（笑）。

　僕自身は店で「国産小麦使用」とも謳っていないし、お客さんも気づいてないのでは？　たとえば、僕のバゲットが他店に比べて細めなのは、ボリュームが出にくい国産の粉を使っているからなのだけど、一度もそれを指摘されたことはない。違和感なく買ってもらっているということは、きちんと作れているということ。粉の改良も進んでおり、以前ほど国産だからと意識することもない。

　それに、先日フランスに行き、やはり僕には国産小麦だと思って帰ってきた。向こうの人がその土地の素材で自分たちの味を作っているように、僕も、日本の素材を使って日本人の感覚でパンを作る。北海道の粉が甘みが強いなら、それを生かしたパンを作ればいい。それがナチュラルじゃないかと思っている。

天然酵母と
パン・ド・カンパーニュ

　天然酵母はレーズンで仕込む人が多いと聞けば、僕の場合「じゃあ、違うもので」と考える。以前、いろんな素材から酵母を起こすのにハマった時期があって、その時にいろいろブレンドしていったのが今の酵母。何が入っているのか、もう僕自身にもわからない（笑）。レーズン、イチゴ、金剛山（こんごうざん）で採ってきた木イチゴ……野菜はヤマイモから起こしたこともあったなぁ。そんなわけで二度と同じものは作れないから、大事に大事に継いでいっている。

　天然酵母を使った代表的なパンといえば、パン・ド・カンパーニュ。日本では「皮が厚く、中身はずっしり重くて酸味がある」というイメージが強く、僕自身もずっとそういうものだと思っていたのだが、ある時その考えが変わった。

　フランスのあるレストランで食べたパン・ド・カンパーニュが、小麦の香りも穀物の味もしっかりあって「あぁ、天然酵母のパンだ」という感じなのに、全然重くなかったのだ。実は僕自身は酸っぱいパンが苦手で、「これって本当に料理に合うのかな」とずっと思っていたのだけど、これは酸っぱすぎずちょうどいい。

　考えてみれば、昔は1回焼いたら何日もかけて食べるという保存食的な面があったのだろうけど、今の時代は2〜3日で食べきるカンパーニュがあってもいいはず。

　それまではカンパーニュらしい複雑な味——土っぽいというか荒っぽい感じ——を出そうと、小麦粉、ライ麦粉（粗挽き、細挽き）、大麦、小麦全粒粉などをいろいろブレンドしていたのだけど、それ以来、ライ麦粉の量を減らすなどして少しずつ風味を薄めてきた。今のキーワードは「薄味」。食事用のパンだから、料理やサンドイッチと一緒に食べておいしいものを意識している。

　それでも、時間が経つごとに少しずつ酸味が出てくる。うちのカフェでは、焼いた翌日の味がなじんだものをタルティーヌ（オープンサンド）に、さらにもう1日おいて酸味が出たものはチーズとベシャメルソースを使ったクロックムッシュに、とパンの味に合わせて使い分けている。

天然酵母の扱いは慎重に。使い終わったらすぐにビニールに入れ、キャンバス地で包んで冷蔵庫へ。

パン・ド・カンパーニュ。現在は主にレストランと3階のカフェ用に焼いていて、店頭に並ぶ機会は少ない。

パンの形

1 2

僕のパンをユニークだと言う人がいたら、たぶんその理由はパンの形。真四角だったり、細長だったり、まん丸だったり……お客さんに「あの四角いパンは？」なんて聞かれることも多いから、パンにも視覚は大事な要素だと思う。

その先駆けが「アールグレーのクリームパン」（22ページ）。これはフランスのマルセイユ石鹸をヒントに「四角いパンを作ろう！」と、わざわざ型まで作ってしまったもの。まさに「形ありき」で発想したパンだけど、形がおもしろいだけではお客さんに支持されない。見た目にインパクトがあるほど、それに見合うおいしさが必要だ。

パンの完成度を高めようと大きさや触感を工夫する中で、結果的に印象的な形になることも多い。たとえば「豆のライ麦パン」（85ページ写真3）は、「どこをかじってもゴマが出てくるように」と豆入りの生地にゴマを貼りつけたはいいけど、そのまま焼いたらゴマの風味が強く出すぎて豆の存在感が

こんな形もあります
{ 宝石箱のパンの作り方 }

デニッシュ生地をのばし、直径8cmの菊型で抜く。

7cm、6cm、5cmと1cmずつ小さい菊型で抜いていく。

2cmまでやると7つの輪ができる。

1：名物「アールグレーのクリームパン」の形は、キューブ型のマルセイユ石鹸から発想したもの。2：「くるみのバトン」を切ってフレンチトーストに仕立てたパンは、その姿から「くるみの切り株」と命名。3：いが栗か花か⁉ 丸めた生地を薄くのばした生地で包み、頂点に十字に切り込みを入れて焼くと、そこがめくれて印象的な形に。4：うず巻きの表面はカリッ、中はしっとりモチモチ。秘密は細長くのばした生地に具材をのせ、くるくる丸めた点。5：通称「あめちゃんのパン」。中身はひとくちサイズに焼いた天然酵母オリーブと天然酵母バトン。パーティなどのイベント用。

薄くなってしまう。そこで薄ーくのばした生地で包んでみたところ、別のパンと間違えたスタッフが頂点に切り込みを入れてしまった。試しにそのまま焼いてみたら、切り込みが花のようにめくれて意外な形に。しかもめくれた部分のカリカリ感が、中のしっとりした生地のアクセントになって食べやすい。結果的に形も触感もユニークなパンに仕上がった好例だ。

なお、パーティや子供向けのイベントには小さなパンをたくさん作ることも。「天然酵母オリーブ」（16ページ）と「天然酵母バトン」（42ページ）をひとくちサイズにして飴のように紙で包んだパン（上記写真5）は、大人のパーティ用。「中身は何だろう？」と包み紙をはずすとパンが出てきて、しかも中にオリーブが丸ごと入っているなんて楽しいでしょう？ 小さなパンはかわいいし、食べやすいからパーティにぴったり。ちょっと手間はかかるけど、喜んでもらえるからやめられないのだ。

ドーム型に生地を敷き、クリームを絞る。その上に輪を大きい順からのせていく。

少しずらすと表情が出る。香ばしく焼くと……。

完成。"蓋付き"のユニークな形が宝石箱のよう。

085

型のこと

1：よく使う型の一部。手前は「くるみのバトン」、その奥は「3種レーズン」用。オリジナルで作った型は20種類以上になる。
2・3：「アールグレーのクリームパン」にも使う正立方体の型は1辺6cmで蓋付き。**4〜6**：文中に登場した鉄工所で作ったボール型。製菓用の半球（ドーム）型を鉄の枠にはめ込み、上からも同じ半球型をかぶせてガチッと固定すると、きれいな球形ができる。**7**：立方体の型とボール型を使って焼き上げたパン。視覚的にもインパクトが出る。

1

2 　3 　4 　5 　6

僕は無類の型マニアだと自覚している。初めて「アールグレーのクリームパン」（22ページ）の型を作って以来すっかりハマってしまい、工房には失敗作も含めて何十という型が積み重なっている。

パン屋で使う型というと食パン用、ブリオッシュ用などだいたい決まっていて、バリエーションは少ない。その点、お菓子屋さんにはたくさんの型があり、マフィン型、半球形のドーム型、各種クッキー型……マドレーヌなんかそれだけで何パターンもある。僕は実際にこれらを使ってパンを焼くこともあるし、オリジナルの型を作る際のヒントにすることも。菓子店での経験が役立っている。

基本的には、型屋さんに「このくらいの大きさで」などとお願いすることが多いのだけど、一度だけどの型屋さんにも断られ、前から尊敬していた「大阪精機工作」という和歌山の鉄工所の方に無理を言ってお願いし、作ってもらったことがある。それがまん丸のボール型。菓子店で働いていた時に、ドーム型を2つ合わせるとボールの形になることに気づいていて、それを一度にたくさん焼けるように応用した器具が作れないかとお願いしたのだ。鉄工所の方もパンには詳しくないから、僕のほうで「発酵中の生地にはパワーがあるから、その時に型がはずれないように」などと説明し、何度も試作を重ねながら3ヵ月ほどかかって完成させた。さすが職人さん。機能だけでなく作業性や重さにも配慮してもらい、納得のいく仕上がりになった。

型を作る楽しみは、多少経費はかかるけど、「どこにもないパン」ができること。実際には型が完成したから終わりではなく、その型に合わせてベストな生地の配合や型に入れる量、焼成時間にたどり着くまでにかなりの調整が必要だが、思い通りのものが完成した時の嬉しさといったらこのうえない。それに、完成した型からは、その後も5個10個とパンのアイデアが浮かんでくる。型は僕を刺激してくれるものでもあるのだ。

8：型屋さんで見つけた変わった形は、カボチャのクリームパンに使用。頂点の凹みを利用して、上にくぼみのあるパンを作る際にも使っている。
9：マルセイユ石鹸がフランスなら、日本の石鹸も……と牛乳石鹸のイメージで作った型。高さがないぶん生地がパサつきやすかった、と残念ながらお蔵入りに。

価格について

パンの値段を決める際に大切にしているのは、「お客さんにとって買いやすい値段」。原価を踏まえると……なんて値づけは一度もしたことがないし、第一あまり原価計算をしていない（笑）。大事なのは「このパン、普通だったらいくらかな」という感覚。「僕のあんぱんにはバターもあんこもたっぷり使っている。でも、普通ならあんぱんは130円くらいかな」という具合だ。

こんなに原料が高騰する以前は、オープン以来ずっとクロワッサンは100円*、タルト（30ページ）も100円だった。どちらもバターをたくさん使うパンだし、タルトの場合はフィリングに使うアーモンドプードルも自家製だから原価を考えたらとても100円じゃない。でも僕にすれば「150円じゃ買わないでしょ？」。また、開店時に目安にしていたのが、OLさんがお昼にパンを買いに来た時に、「サンドイッチ＋フォカッチャ＋甘いパンで500円」。これに収まるように値段を決めていた。だから、時には売れただけ損するパンもあるけど、それでいい。お客さんが喜んでくれて、トータルでマイナスにならなければOKだ。

それに、近所の人には毎日買いに来てほしいから、できるだけ毎日買えるような価格にしたい。最近は高いパンほど売れるようで、ある百貨店の催事に出店した時に「なんでこんなに安いの？（質は）大丈夫？」と買ってもらえなかったことがあったけど、あの時は本当に悔しかったなぁ。

それに、店を長く続けていると、いろいろわかってくる。店で一番人気の「天然酵母オリーブ」（16ページ）に使うオリーブは、作り始めた頃は缶単位で買っていたけれど、今はコンテナ単位で購入。そうすれば、ドンと仕入れ価格を下げられる。また、たくさんのお客さんに来てもらえるようになったおかげで、最近は使いたかった素材も使えるようになってきた。これは本当に嬉しいことで、それで既存のパンをブラッシュアップし、お客さんが喜んでくれるなら、こんな素晴らしいことはない。でも、いい素材を使うのは僕の自己満足でもあり、それを価格に反映するのは抵抗がある。いい素材を使うぶんかさんだコストは、たとえば余り生地を工夫して別のパンに仕立てるとか、何か手を動かすことでカバーすればいい。そういう仕事はまったく苦にならない。

*クロワッサンは昨今の原料高騰とバター不足により2008年4月より130円に改定した。タルトも改定の予定。

今、一番安いパンは「栗のクリームとチョコレートのブリオッシュ」1個60円。以前は30円、40円のパンもあった。多くのパンは100〜200円台が中心。

刺激をくれる野菜

この日は和歌山の宮楠農園から。ナス、ズッキーニ、インゲンからレタスやホウレン草などの葉野菜まで種類はさまざま。何が届くかは箱を開けた時のお楽しみ。

広島の「山本ファミリー農園」と和歌山の「宮楠農園」。この2軒の契約農家からそれぞれ週に2〜3回ずつ、新鮮な野菜が届く。まるでレストランのようだけど、これは僕の店の話。毎朝届いた箱を開け、その内容からサンドイッチやカフェのランチの内容を考えることも、僕の仕事である。

　わざわざ契約農家から野菜を送ってもらうのは、たとえば無農薬の野菜がおいしいから、ということもあるけれど、素性のわかった素材を使いたいという思いが強い。僕が店をオープンキッチンにしたのは、パンを作るところをすべてお客さんに見てもらうためだけど、野菜も育てた人の顔が見えるものを使いたいのだ。

　野菜の出番は主にサンドイッチ。1階のパン屋はシンプルでわかりやすいものを、3階のカフェでは少し手のこんだものもOKという感じでその日のメニューを考える。いつもある程度おまかせで送ってもらうので、箱を開けるのはとても楽しみ。季節や天候によっては似た野菜が続くこともあるけど、それは大丈夫。僕が一時期イタリア料理店で働いたのは、野菜の使い方や調理法を学ぶためでもあったのだ。届いた野菜を実際にかじってみては、「これは生でも食べられそう」「こっちはさっとグリルしようかな」とメニューを決めていく。サンドイッチのバリエーションは無限大にある。

　どちらの農家にもお邪魔したことがあるが、僕の印象では広島の土は粘土っぽく、和歌山はサラサラ。ニンジン1個でも味も香りも全然違う。だからこそ、同じ根菜でも、和歌山は大きめだから形を生かしてタルティーヌ(オープンサンド)に、広島は味が濃いからパンに練り込んでもいい……と考えるし、アイデアもどんどんふくらむ。パワーのある野菜は、僕を刺激してくれる。

　他にも、夏の僕のお気に入り「とうもろこしのベーグル」に使うトウモロコシは北海道の杉本さんから、野菜以外にも岡山の吉田牧場さんのチーズや神戸のハム店「メツゲライクスダ」さんのベーコン、石垣島の島バナナ……魅力的な素材はいっぱいある。こういう素材がある限り、僕のアイデアが尽きることはない。

カフェのランチメニューは入荷した野菜によって毎日変わる。数量限定。

新スタイルサンドイッチ

「海のサンドイッチ」をテーマにこんな試作をしたことも。中身はマドレーヌ型で貝殻の形に焼いたパンにホタテ貝と海ブドウ、シラスと季節野菜のソテーをサンドしたものと、トマト風味の生地にオイルサーディンをのせた細いパン。ランチボックスのイメージでビンに詰めて。

　これから力を入れたいもの、それはサンドイッチ。今も1階のパン屋では毎日6〜7種類のサンドイッチを用意しているが、僕の描いているのはそれとはもう少し違うもの。それこそ「どこにもない」サンドイッチを作りたいんだ。

　たとえば、デザートになるサンドイッチ。フルーツサンドはよくあるけど、僕が考えているのはもっとデザートっぽいもの。ふんわりモチモチのパンにバターをぬり、焼き栗のペーストをのせてラム酒をふったり、イチゴの季節には自家製のジャムと練乳入りのバタークリームをのせたり。生地で包んで焼いたら台無しのものを、フレッシュなまま食べられるサンドイッチはどうだろう？

　もちろん甘くないサンドイッチも考え中。今はハムやベーコン、チーズなどをシンプルに挟むだけだから、もっとお惣菜っぽいものはどうかな。パンは具材に合わせて変えるけど、形と大きさを統一すれば店に並べた時に存在感が出るはず。専用の袋を作って、タケウチのロゴを入れて……。

　そんなことを考えている間に冷蔵ケースを作ってしまった。冷蔵ケースをサンドイッチ専用にして常時10種類くらい並べられたら……なんて思

完成した冷蔵ケースは横幅140cm×奥行き50cm。木の印象を全面に出して店の雰囲気になじむデザインに仕上げた。熱源を別の場所に設けることで、ケース自体が熱くなったり、足元から熱風が出たりすることはない。

っていたら、偶然この店を設計してくれた「グラフ」の家具職人さんが店にやって来て、「ぜひやろう!」と盛り上がってしまったのだ。僕が希望したのは、パンが劣化しないよう温度は8〜10℃、お客さんが取りやすいようケースの中に段差を設ける、他のパンの陳列台と違和感のないよう冷蔵ケースの内側も木材にしたい等々。冷蔵ケース屋さんも巻き込んで、プロジェクトが始まった。

構想から実際の設置まで半年ほど。ケースの内側を木材にするのは無理だったけど、特殊加工した素材を使うことで殺風景なステンレスは使わずに済んだ。熱を発したり音や震動がないように細心の注意を払ったから、お客さんは手を入れるまで冷蔵庫と気づかないかもしれない。思い通りの仕上がりだ。

あとは僕のイメージ通りにサンドイッチを並べれば完成。このケースの一角は「タケウチのサンドイッチ売り場」ではなく「姉妹店のサンドイッチ屋」のつもりで、いずれはサンドイッチだけで商売ができるくらい気合を入れて取り組もうと考えている。さぁ早く、ラインアップと包材を完成させなくては……。

時代はベーグル

　ベーグルを作り始めたのは2年ほど前から。
　きっかけは、ある時、常連さんたちが揃ってふっくらしてきたのに気づいたこと。そういえば、僕自身も5kgプラス。もしかして原因は僕のパン？
　それまでほとんどの菓子パン――メロンパンもクリームパンも――をブリオッシュ生地で作っていて、多い時には1日18kgも仕込んでいた。バターをこれでもか！　と使う自慢の生地だけど、このままではいけない。ブリオッシュのパンを減らし、バターや砂糖が入らないパンを増やそうと考えた。
　もうひとつは、アレルギーの子供さんのこと。店でお母さんに「僕の食べるものある？」と聞く幼い声が本当につらかった。パン屋は粉を使わないわけにいかないけれど、卵や乳製品ならば排除できる。せめてこうしたパンの数を増やし、少しでも選ぶ楽しみを与えられたらと思ったのだ。
　そこで浮かんだのがベーグル。卵やバターを使わないヘルシーなパンの代名詞だし、独特のモチモチ感はアゴの運動にもなる。まずは本場を知りたいと、ベーグル職人として店に来てもらった江波政二さんを誘っていざニューヨークへ。ところが、向こうではチーズや野菜を挟むのが前提だからか、ベーグル自体の味はイマイチ。ベーグルをおいしく作りたい僕には肩すかしで、やっぱりオリジナルで作るしかないと帰国した。しかし、国産小麦を使って「モソモソ」じゃなく「もっちり」に仕上げるのは難しく、江波さんとの試作は100回を超えた。
　実は、ベーグルを店で出し始めた頃の手ごたえは今ひとつ。少しずつ改良を重ね、自分の中で「これだ」と納得するものができるまで1年近くかかった。それからはすごく売れるようになり、常連さんからも「タケウチさんぽいベーグルになった」と言われるように。今は1日5種類前後を3回に分けて焼いている。とくに年配の女性に人気がある。

{ ベーグルを焼く }

ベーグルのモソモソした触感が、実は好きじゃない。僕の理想は「ある程度引きがあってモチッとした触感」。お餅のような「和」な感じのベーグルだ。材料は粉、水、少量の塩、イーストとシンプル。外国産の粉を使えば理想の触感が得られやすいが、タンパク質が少ない国産小麦では難しい。ひたすら僕のイメージをベーグル担当の江波さんに伝えて、たとえば酵母を変えたり、あえて生地を殺してみたりと一緒に試行錯誤した。その結果、イーストが多いほどモソモソになる気がしたので極力減らし、ゆでる時にボリュームを出すようなイメージで作るように。また、風味をプラスするために少量の天然酵母を加えている。

ベーグルは毎日5種類前後を焼く。具材をいっぱい入れているため、並べて販売しても見分けがつきやすい。

ベーグルの作り方は独特だ。1：リング型に成形し、発酵を終えたプレーンのベーグル。2・3：焼く前にゆでるのがベーグルの特徴。沸騰しない程度の湯に入れ、上下を返して1分ほどゆでる。生地はひと回りほどふくらむ。4：オーブンへ。途中で天板の前後を変え、均一に焼き上げる。5：ベーグルでもオリジナルのものを意識。写真はコーンの形をしたとうもろこしのベーグル。

{ ベーグル図鑑 }

シンプルな材料で作るベーグルは、僕にとっておにぎりみたいなもの。おやつにもご飯にもなるよう、2つ以上の素材を組み合わせて、バリエーション豊かなベーグルを作っている。中の素材もいろいろならば、形も棒状、四角とさまざま。ここに紹介したのはラインアップの一部。全部で20種類ほどのレパートリーがある。

3種のベリー
ドライフルーツ3種(ラズベリー、ブルーベリー、クランベリー)を練り込んだベーグル。フルーツはそれぞれリキュールやラム酒に浸けて、柔らかくジューシーに。ほのかな甘酸っぱさが特徴。

シナモンとレーズン
シナモンとレーズンの組合せはベーグルの定番。シナモンは効かせすぎず、ほどよく香らせるのがポイント。レーズンを生地に練り込んだ時にできるマーブル模様も美しい。

プレーン
何も入らないシンプルなベーグル。主にカフェのサンドイッチ用で、店頭に並ぶのは少量。引きが強く、そのまま食べるよりも何か挟んだり、チーズをのせて焼くのに向く。焼いた翌日もおいしいベーグル。

ブルーベリーとホワイトチョコレート
ブルーベリーとホワイトチョコレートは、タケウチにとって定番の組合せ。焼いても粒が残るベルギー製のホワイトチョコレートを使用し、プチプチとした触感を生かす。

ミューズリー
レーズンやオレンジピール、ナッツ類、大麦、ハチミツなどをぎっしり詰めて棒状に焼き上げた。ミューズリー(穀物やフルーツが入ったシリアル)の名の通り、朝食向きのパン。

ピーカンナッツとシナモン
NYで食べたとびきり甘いシナモンのパンを、あっさり味にアレンジ。ピーカンナッツの香ばしさとザラメのコク、シナモンの香りがよく合う。オーブンの中で溶けて底にたまったザラメのシロップもおいしい。

チョコレートとオレンジ

チョコレートの生地に、きざんだチョコレートと砂糖漬けのオレンジピールを練り込んだ大人味のベーグル。香りのインパクトはあるが、食べると意外にあっさり。

黒ごまと黒豆

ふっくら柔らかい丹波の黒豆は生地に練り込むとつぶれてしまうため、筒状に包んでリング状に整え、焼き上げる。黒ゴマと黒豆をたっぷりと使った、和風のベーグル。

抹茶と焼き栗

ベーグル生地に抹茶を練り込み、焼き栗を包み込んでいる。抹茶の清涼感のある香りと栗の香ばしさが持ち味の、和のテイストのベーグル。シェフお気に入りのひとつ。

じゃがいもとベーコン

ゆでた角切りのジャガイモと、ごくごく小さくきざんだベーコンを混ぜた、惣菜パン感覚のベーグル。黒コショウをたっぷり効かせるのが、おいしさのポイント。

くるみとスモークチーズ

細かくきざんだくるみとスモークチーズ入りの甘くないベーグル。スモークチーズは焼いている間に溶けてしまうため、食べると「何の香り?」という新鮮な驚きがある。

とうもろこし

和歌山と北海道の無農薬のトウモロコシで作る、夏限定のベーグル。表面に香ばしいコーングリッツをふり、焼き過ぎずにコーンの甘みを引き立てる。形はトウモロコシを意識したもの。

お茶に合うパン

　実家が商売をしておばあちゃん子だったこと、そして地元の大阪・堺市には和菓子屋さんが多いこともあって、小さい頃から和菓子が大好物。くるみ餅で超有名なお店には、幼稚園の時から一人で買いに行っていたほどだ。

　そんなこともあって、独立する前から小豆などの豆を使ったパンを作っていた。自分でも気に入っていたのだけど、この店をオープンする時に封印。店名に「ブランジュリ（フランス語でパン屋の意味）」と掲げたこともあって、和風のパンを排除していたのだ。でも、その豆パンにたくさんのファンがいたこと、そしてやっぱり僕自身が好きなこともあって2年目には即解禁（笑）。以来、黒豆やあんこ、ゴマ、抹茶などを使ったパンは、常に何種類か用意している。お客さんの中には、こういうパンを「タケウチらしい」と認識している人も多いかもしれない。

　発想のもとになるのは、大福や最中など、子供の時に食べた和菓子。たとえば、「あんずの白あんパン」（101ページ）はイチゴ大福のイメージで作ったもの。口に入れた時の、あのイチゴのジューシー感を表現するため、セミドライのあんずはアプリコットのリキュールに浸けて柔らかくもどしておく。これを白あんと一緒にのびのよい生地で包み、焼き色がつかないように白っぽく焼き上げる。モチモチした生地と焼印をつけた姿は、おまんじゅうさながら。和菓子"風"ではなく、和菓子よりおいしいものを意識したつもりだ。

　こういうパンは、日本茶はもちろんのこと、意外にコーヒーにも合う。僕自身はコーヒー派だけど、どんな飲みものに合わせるかを考えながら、パンを選ぶのも楽しいと思う。

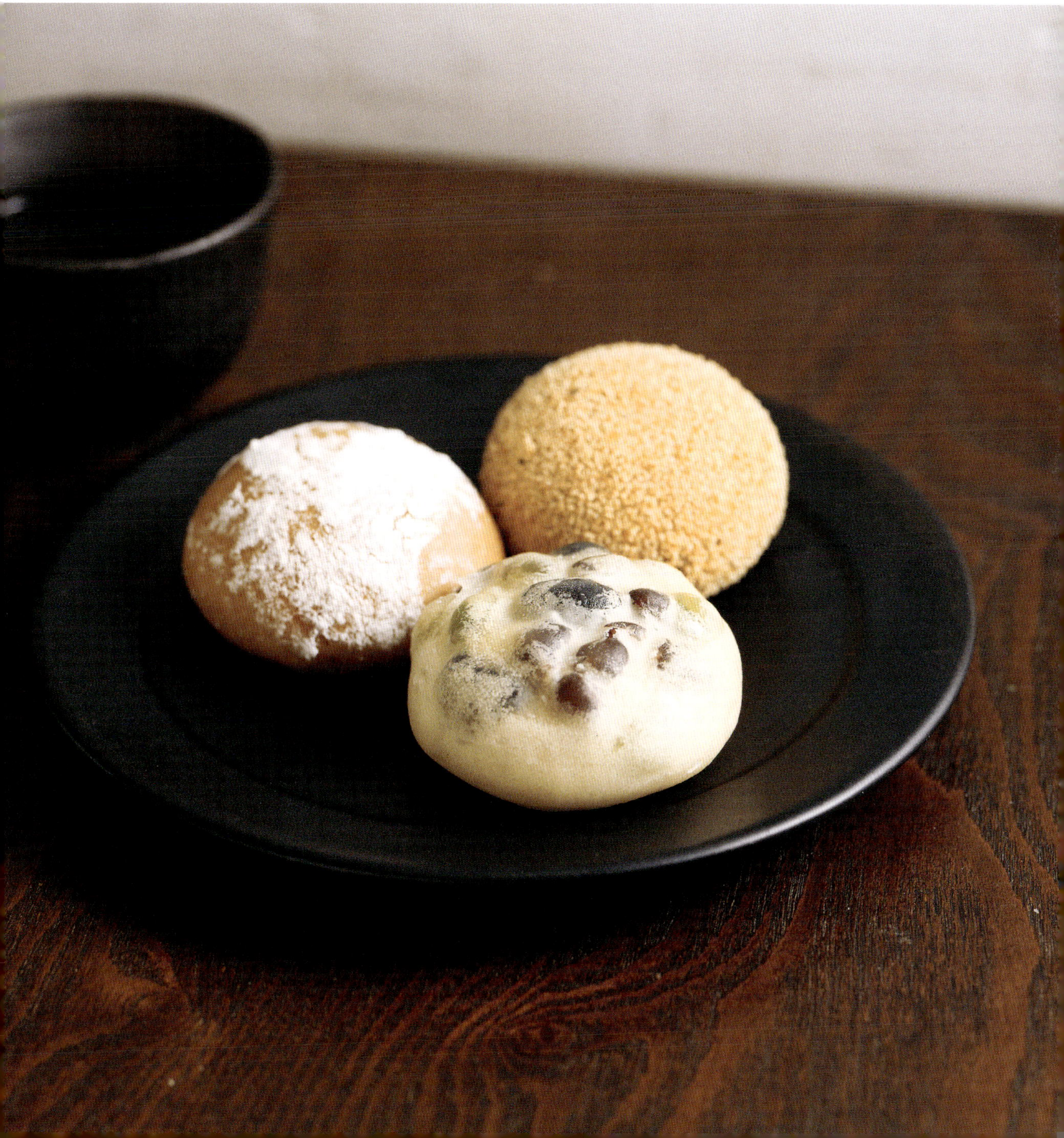

｛和菓子が好き｝

和菓子好きとしては、使う材料にもこだわりたい。丹波の黒豆に徳島の和三盆、あんこは京都の業者に甘さを指定して特別に炊いてもらっている。こういうパンは年配の女性と、意外にも男性に人気。ほんの1週間しか店に並べなかったのに、その後何年も「あのパンはないの？」と聞かれる反響の多いものも。また、下の写真の「3種豆のパン」のように、作り方自体を和菓子を参考にすることもある。

けしの実あんぱん

甘さ控えめの小豆あんを生地で包み、けしの実をたっぷりふった。ブリオッシュ生地で包んだ口どけのいい「あんぱん」やフランスパン生地で作る「フランスあんぱん」など、あんぱんのバリエーションはいろいろ。

豆のライ麦パン

3種の豆入りの生地で、黒豆煮を包んだパン。表面に黒ゴマを貼り付け、薄くのばした生地をかぶせて切り込みを入れ、焼く。どこから食べても出てくるゴマの香ばしさ、めくれた生地のカリカリ感がアクセント。

抹茶と黒豆きなこのクリームパン

黒豆のきなこを使ったカスタードクリームと黒豆煮を、抹茶のブリオッシュ生地で包んだ。クリームは甘さを控えめにしてきなこの素朴な風味を主張。抹茶をふんだんに入れた生地の、鮮やかな緑色も印象的だ。

3種豆のパン

和菓子の成形を参考にして、まるで豆大福の風情に仕上げた「3種豆のパン」。お餅のようによくのびる生地を作り、黒豆、大納言小豆、うぐいす豆の甘煮を包んだら綴じ目を下に。表面を手のひらでぽんぽんと叩くと、豆が浮かび上がってくる。豆の色・形がわかるくらいまで透けた状態にするのがポイント（このパンは店頭では販売していない）。

｛ 小さいパンと持ち帰りのデザート ｝

直径5〜6cmの小さいパンはOLさん向け。サンドイッチやパンを2つ買って、甘いものを少し……そんな時に買いやすいサイズを意識した。食べやすいので子供のおやつにも人気だ。また、レジ下の冷蔵ケースに並べているのは持ち帰りのデザート。最近はプリン、以前はシュークリームやクレーム・ブリュレを作っていて、注文ごとにシュークリームにはクリームを詰め、クレーム・ブリュレはカッソナード（赤砂糖）をふってバーナーでカラメリゼしていた。いずれもパン屋らしいものを意識したラインアップだ。

あんずの白あんぱん

イチゴ大福のイメージで作ったあんぱん。ジューシーなあんずと白あんを、モチモチの白いパン生地で包んでいる。あんがぎっしり詰まっているため、見た目以上に食べごたえがある。

黒糖パン

ベビーカステラから発想したどこか懐かしい味わいのパン。黒糖をブリオッシュ生地で包み、焼き上がったらさらに黒糖をまぶしている。ひとくちサイズで思わず手が伸びてしまうパン。

栗のクリームとチョコレートのブリオッシュ

フランス産の栗のクリームを、チョコレート風味のブリオッシュで包んで焼き上げた。小さいけれど、ぎゅっと凝縮した味わいで満足感のあるパン。

最近のデザートはもっぱらプリン。閉店後のオーブンでじっくり蒸し焼きにし、なめらかに仕上げている。以前はクレーム・ブリュレを作っていたことも。注文のたびにカッソナードをふり、バーナーで焦がしていた。

お酒に合うパン

　お酒を意識したパンを作り始めたのは、パンに「夜も食べるもの」というイメージを植えつけたかったから。ドリンクに合わせるとパンのイメージが湧きやすいため、「ワインなら？」「ビールなら？」と想像しながらアイデアをふくらませました。

　といっても、当時僕はあまりお酒を飲まなかったから、具体的なアイデアは、イタリア料理店で働いていた時に覚えた素材や味の組合せだったり、パンを卸しているレストランやバーの人たちとのやりとりから生まれることが多かった。「お酒と楽しむ」というシチュエーションを念頭に、生地やそこに組み合わせる素材、味の強弱などを考えていく。たとえば、お酒に合わせるなら塩気は強めに、ビールならスパイスを効かせよう、ワインにはアンチョビやオリーブのようなコクのある素材が合うな、おつまみ感覚で食べてもらうならふたくちサイズがいいだろう……という具合。こういうふうに作り上げていくのは、パン職人というより料理人の感覚に近いかもしれない。

　また、レストラン御用達として知られる岡山の吉田牧場さんのチーズや、岩手の白金豚のソーセージ、イベリコ豚のチョリソなどは、シェフ仲間から教わった素材で、レストランで使われるレベルの上質なものばかり。結果的に、これらも僕のところでしか買えない独創的なパンになったと思う。

　さて、最近はすっかりお酒をよく飲むようになった僕。今年の正月には「ラ・トォルトゥーガ」の萬谷シェフとフランスに行き、ビオワイン（有機農法のブドウのワイン）の生産者を訪ねてきた。手間と愛情をこめてワイン造りに取り組む人たちに感動しきり。そう、今度は「ワインに合う」ではなくワイン自体を使ったパンを作ろうと思案中だ。

天然酵母岩手県産白金豚のソーセージ

歯ごたえと旨みが強い岩手産の白金豚のソーセージを、丸ごと1本包んだパン。スライスすればおつまみに、1個丸ごと食べればメイン料理になるほどボリュームたっぷり。ワインにもビールにもよく合い、男性客に人気。

｛ お酒がほしくなる味とは ｝

ビールやワインのおともには、チーズやオリーブなど味やコクがしっかりある素材が合う。そしてこれらをパンに使う場合は、素材単体で食べるよりもおいしく感じさせなければ意味がない。たとえばチーズなら、溶けて生地になじんだおいしさや、パンから飛び出した部分の香ばしさ。これらも計算に入れてひとつのパンを完成させていく。

天然酵母オリーブ
薄くのばした天然酵母の生地でオリーブを4粒包んだ、タケウチ一番の人気パン。パンの真ん中はモチモチ、端はカリカリ、中のオリーブはジューシー。スペイン産のオリーブはアンチョビ入り。

天然酵母バトン
「ビールに合うパンを」という依頼から生まれたパン。香り高いパンチェッタ（生ベーコン）を天然酵母の生地で包んでいる。パンチェッタの塩気と粗挽きのコショウ、ガリッとした触感がビールと相性抜群。

天然酵母クリームチーズと黒こしょう
きざんだクリームチーズに黒コショウをふり、これを生地に混ぜてベーグルのように成形。切り込みを入れ、上から黒コショウをふって焼くとお花のような形に。はみ出たチーズの香ばしさがビールに合う。

天然酵母ブルーチーズ
ゴルゴンゾーラチーズを天然酵母の生地で包んだパン。じっくり焼くことでチーズが溶けて生地と一体化し、ゴルゴンゾーラをパンにぬった時よりぐっと深い味わいに。独特の風味がワインにぴったり。

天然酵母ドライトマトとチョリソ
ドライトマトをたっぷり混ぜ込んだ生地で、スペイン産のチョリソ（トウガラシ入りの辛いソーセージ）を包んだパン。生地の爽やかな酸味とソーセージの辛さの対比が、大人の味わい。

天然酵母イベリコチョリソとクリームチーズ
まろやかなクリームチーズとスライスしたチョリソを包んだパン。生地に入っているドライトマトの酸味が味のアクセント。イベリコ豚のチョリソは濃厚な味。

店に入り、突き当たりの奥の棚にハード系のパンが並ぶ。左上・ライ麦入りのパンもワインによく合う。カレンズやドライフルーツ入りはチーズのおともにも。左下・左からフランス産セミドライの桃が入った天然酵母パン、クランベリーとアーモンドのライ麦パン、マカダミアナッツとゴーダチーズ入り天然酵母パン。右・ずらり並んだハード系のパン。それぞれ固定ファンがついている。

天然酵母いちじくのパン

レストランでチーズにドライフルーツ入りのパンを添えるように、フルーツのパンもワインによく合う。イチジクはセミドライを使い、味わいと触感に奥行きを持たせている。チーズと一緒に食べたいパン。

2色オリーブとドライトマトのフォカッチャ

緑と黒のオリーブとドライトマトをのせた、ふたくちサイズのフォカッチャ。生地にはアンチョビとミックスハーブを練り込み、塩気と香りをつけている。

スモークチーズとカシューナッツのフォカッチャ

アンチョビ入りのフォカッチャ生地に、みじん切りにしたゴーダチーズとカシューナッツ、黒コショウを練り込んで丸く焼き上げた。スナック感覚のひとくちパン。

イベントのパン

　クリスマスやバレンタインの時期にそれに向けた商品が店にあると、雰囲気も華やぎし楽しいもの。クリスマスなどは年末のあまりの忙しさに、つい「今回は作るのをやめようか」と弱気になったりするけれど、「今年はいつですか？」というお客さんの声に「やらねば！」と自分を奮い立たせている。
　イベント用の商品であっても、「パン屋ならではのものを」という気持ちは変わらない。クリスマスのシュトーレンやパネトーネはもともとパン屋の仕事だし、バレンタイン用のチョコレートタルトはクロワッサン生地をアレンジしたもの。どちらも素朴だけど、そのぶん味わい深く、毎年楽しみにしてくださる方も多い。なかなかまとまった数が作れず、あっという間に売り切れてしまうけれど。
　また、パーティなどのイベント用にパンを依頼されることもある。最近は時間が取れず、基本的にお断りしているが、パーティの主旨やシチュエーションに合わせ、どんなパンを作ろうかと考えるのは楽しく、お客さんの反応には普段では得られない刺激がある。以前、知人の子供服の会社にケータリングした時には、キノコの形のパンを作り、会場で本物の木の枝にバーッと盛りつけた。キノコのカサの部分はジャムが入ったブリオッシュ、軸の部分はサクサクのクッキー生地。こうしたパンは試作も必要になるため、どうしても休日返上や徹夜など、自分を追い込んでの作業になる。でも、ここから新しいパンが生まれることも多く、僕にとっては大事な商品開発の場でもある。多くのイベントをこなす中で成長してきたという思いもあり、多少無理してでもやりたい仕事だ。
　そうそう、以前、バースデーケーキの依頼を受けて、パン生地を使って作ったことがある。バターと卵たっぷりのブリオッシュ生地をボウルに流してフワフワに焼き上げ、デコレーションをしたドーム型のケーキ。なかなか好評で、僕自身も気に入っていた。これもまた作りたいと思っている。

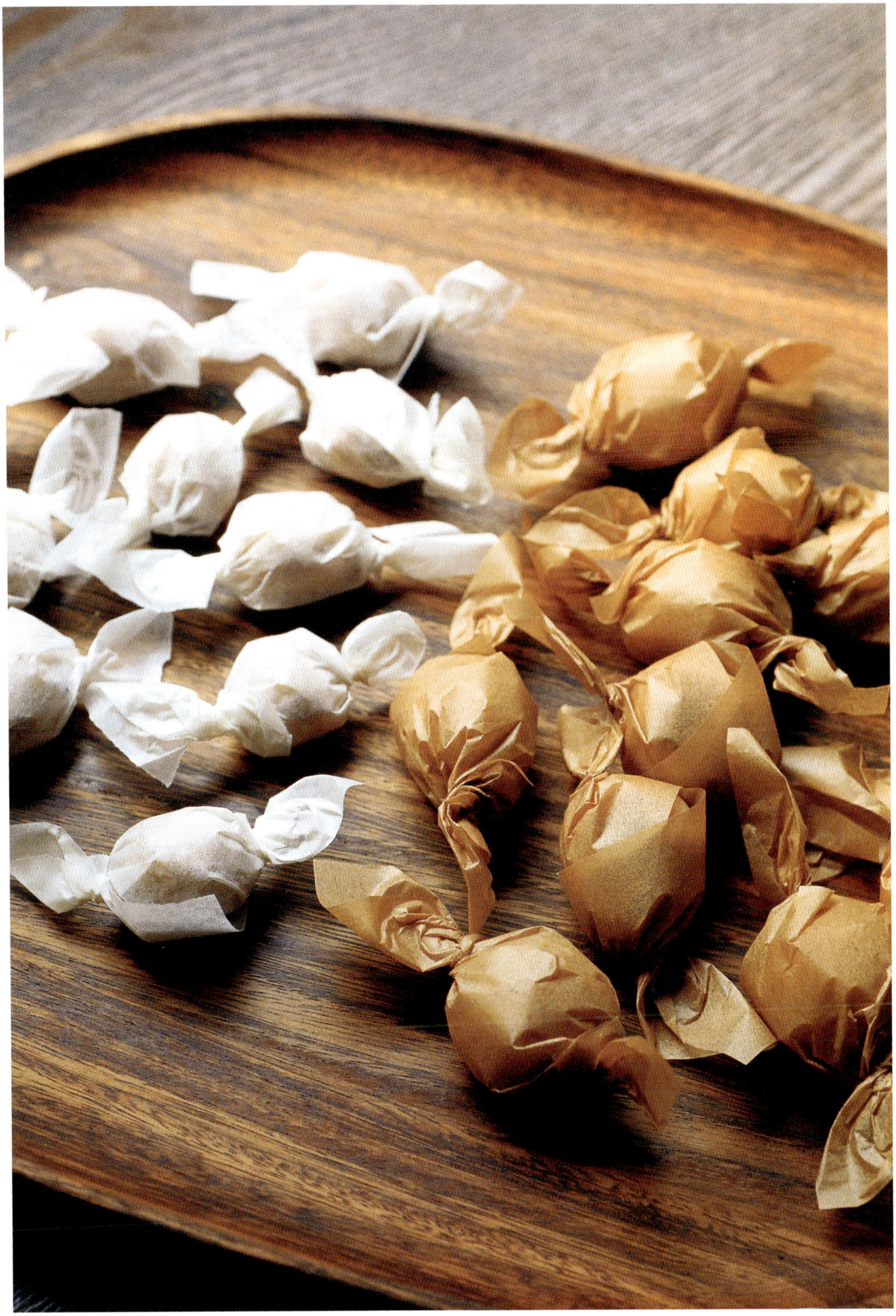

｛ クリスマス ｝

シュトーレンはパン屋の仕事。オープン当初はお世話になった人に1年の感謝をこめて配っていたのだが、お客さんからの問合せが増えたこともあり、数年前から12月のある1日だけ店頭でも販売するようになった。お店ごとにいろいろなシュトーレンがあるが、僕のシュトーレンはフルーツの種類・量ともに多いのが特徴。イチジク、洋梨、レーズン、カレンズ、グリーンレーズン、クランベリーを、それぞれラム酒やブランデーに浸けて味に奥行きを持たせている。なお、年によって仕上がりのイメージが少しずつ異なり、毎年配合や製法、形などを変えながら作っている。年に一度しか作らないが、毎年バージョンアップさせるつもりだ。

1・2：生地はスパイス（ナッツメッグ、カルダモン）を効かせている。洋酒に浸けたドライフルーツを加えて発酵をとり、型に入れて焼く。3：焼き上がった生地はグツグツ沸いたバターにくぐらせ、ヴァニラ入りのグラニュー糖をまぶす。油でコーティングすることで日持ちがよくなる。4：充分に冷ましてから粉糖をたっぷりまぶす。ラップ紙で包み、紐でくくったら完成。1ヵ月ほど保存可能。5：シュトーレン作りは休日返上。店頭に並ぶ日は年ごとに変わる。

{ バレンタイン }

2月14日には、バレンタイン用のギフトセットを用意している。定番はクロワッサン生地で作るタルトで、内容はチョコレートを使ったバレンタインだけの特別仕様だ。数量限定のため、毎年1時間ほどで完売してしまう。また、これとは別に、パン屋らしいお菓子として作りたいのがラスク。それこそバレンタイン用にチョコレート風味のラスクを、と構想を練ったこともある。その時は、頭の中では完成し、材料も用意していたけれど、店がバタバタして作れなかった。いつかはちゃんとラスク専用に口どけのいいパンを焼き、オリジナルのクリームを作って……と思っている。

1：2007年のバレンタインタルト。左からベルギーチョコレートとアプリコットのタルト、苺とホワイトチョコレートのタルト、フランス産いちじくと洋梨のココアタルト。2：バレンタイン用に箱と店名入りのペーパー、紙袋も作成。

{ パーティのケータリング }

これまで何度かファッションショーや家具屋さんのパーティなどにケータリングを依頼され、パンを作ったことがある。普段とは違い、食べやすいサイズや小さくても印象に残るものを考えたりするのは、大変だけれど「驚かせたい！」という気持ちに火がつき、楽しく、刺激にもなる。また、仲間のシェフたちと行なうイベントもある。恒例になっているのが、施設で暮らす子供たちとのクリスマス会。僕はひとくちサイズの甘いパンをたくさん焼いて持っていくのだが、子供たちに喜んでもらえると、疲れも吹き飛んでしまうのだ。

1：通称「あめちゃんのパン」。中身は3cmほどの球形に成形した「天然酵母オリーブ」と「天然酵母バトン」。2：大阪・北浜の「ラ・トォルトゥーガ」の10周年記念にトォルトゥーガ（フランス語で亀）の形のパンを焼いた。3：フォカッチャ生地にオリーブを仕込んだひとくちサイズのパン。大阪名物・たこ焼きを意識したもの。

発想を支える仲間

　もし僕が店にこもってパンを作るだけだったら、生まれていないパンがある。たとえば、天然酵母オリーブ（16ページ）やイル・チプレッソ（46ページ）、マジョラムのパン（50ページ）……。オリーブのパンは、「ラ・トォルトゥーガ」の萬谷シェフがくれたスペイン産のオリーブから誕生したパンだし、マジョラムのパンは「イル・チプレッソ」の高島シェフと畑でマジョラムをかじったことがきっかけで生まれた。他にも、「これおいしいよ」ともらったトウモロコシでベーグルを作ったり、知り合いの料理人から新しいパンのヒントをもらうことは多い。いや、むしろそうして誕生したパンこそ、僕らしい気もする。

　まさにこうした先輩の存在があってこそだが、その中に僕と同じパン職人はいない。フレンチ、イタリアン、フランス菓子にハム。みんな手がけるものは違うけれど、「おいしいものを作りたい」「お客さんに喜んでもらいたい」という気持ちは同じ。だからすごく刺激されるし、勉強になる。

　そして、その刺激は「この料理に合うパンを作って」といった直接的なやりとりにあるとは限らない。このグループでは年に何度かイベントを企画し、それぞれ料理やパンを持ち寄って、日ごろお世話になっている生産者さんや施設の子供たちに振る舞うのだけど、その時の会場の雰囲気といった漠然としたものが、アイデアの引き出しを増やしてくれたりする。子供たちにはやっぱり小さくてかわいいパンがいいなとか、屋外でのバーベキューなら、ソーセージを焼く横でパンを温めたら楽しいなとか。そんな思いつきが、ある日、新しいパンの決め手になったりするのだ。

　僕のパン作りは料理人の感覚に近い、と言われることがある。他の人が聞いたら「邪道！」と思われるような方法でパンを作っているからだろうが、それに加えて、シェフたちとの交流から生まれるこうした発想もそう思わせるのかもしれない。

1966年大阪生まれ。中国料理などさまざまな飲食店で働いた後、スペイン・バルセロナの日本領事館、エクアドルの日本大使館の料理人として働く。帰国後、ビストロのシェフを経て97年に独立。2001年に現在地に移転。ベーシックな料理を奇をてらわずボリュームたっぷりに提供する、大阪きっての人気ビストロ。06年には2階にカフェ「ル・ボワ」もオープン。

ラ・トォルトゥーガ
大阪市中央区高麗橋1-5-22
電話／06-4706-7524

ラ・トォルトゥーガ◎萬谷浩一シェフ

「萬谷さんなくして、今の僕は考えられない」。そう言い切れるほどいろいろな面で影響を受けている人だ。店で一番人気の「天然酵母オリーブ」（16ページ）をはじめ、萬谷さんがきっかけで生まれたパンも多い。

また、一緒にフランスに行くようになったことは僕にとって転機になった。勉強するぞ！　と意気込んで行くわけじゃなく、いろんなレストランに行っては料理を食べ、ワインを飲み、パンをちぎっていろいろ話をするだけだけど、食べものと空間を共有する中で料理のことを学び、「料理人はこういうパンを求めているのか」と気づくことが多々あった。今、レストランにパンを卸す際に、各シェフの料理の傾向に合ったパンを考えられるのはそんな体験のおかげ。視野がぐっと広がった。

実際、萬谷さんに卸しているのは、一緒に作り上げたパンばかり。レストラン用にバゲット、ナチュレ（天然酵母パン）、パン・ド・カンパーニュ、カフェ用にハンバーガーのパン、ベーグルなどを、毎日手さげ袋に4つほど作っている。最近特注で作ったのは、萬谷さんがカフェを作る際に「このハンバーグに合うように」と依頼されたハンバーガー用のパン。また、この前のお正月には久しぶりに二人でフランスに行き、「これは萬谷さんのために作りたい」と思うパンに出会った。もう僕の頭の中では完成している。それが「ラ・トォルトゥーガ」で食べられる日も近いはずだ。

1：カフェ「ル・ボワ」で提供するハンバーガー。パテ（肉）は短角牛のモモ肉3種（挽いたもの、叩いたもの、手で切ったもの）をこねたもので、ジューシーで歯ごたえがしっかり。タマネギたっぷりのソースで煮込んでいる。パンは「パテに負けず、ソースを受け止めるものを」と全粒粉の生地にゴマを練り込み、肉、ソース、パンが一体化しやすいようふわっと焼き上げている。2：オーダーごとにハンバーグを温め、パンを軽く焼いてサンドする。3：肉のテリーヌなどシンプルで力強い料理には、「ナチュレ」というパンが合う。二人でフランスに行った時に食べたパン・ド・カンパーニュのイメージで作ったパンだ（1階のレストランでのみ提供）。

「ラ・トォルトゥーガ」の店内は、料理同様にシンプルでナチュラルな印象。2階には軽い食事ができ、ワインも飲めるカフェ「ル・ボワ」がある。トォルトゥーガは「亀」の意味で、店内には亀の置きものがちらほら。10周年のイベントにはタケウチ特製の亀パンが登場した。

「一緒にフランスに行ってパンが変わりました」

萬谷浩一「竹内君と親しくなったのは、僕の店の移転前の場所が竹内君のお店に近かったのがきっかけ」

竹内久典「その頃、萬谷さんは店用のパンを別のところから仕入れていて、自分が食べるために時々パンを買いに来てくれていたんですよね」

萬谷「知り合いに『あそこのパンおいしいよ』と教えてもらったんだけど、買いに行っても誰が竹内君かわからない(笑)。みんな若いから」

竹内「僕の中では『怖そうな人だな』と(笑)。そうそう、それで萬谷さんがフランスやスペインに詳しいと聞いて、いきなり『フランスに行きたいんですけど、どこがいいですか』と聞きに行っちゃった」

萬谷「そう。それなら一緒に行こう、と。その時から立て続けに3回くらい行ったかな」

竹内「向こうに行ってもパン屋を回るわけじゃない。萬谷さんが行きたいレストランに行ったり、ワインの生産者を訪ねたり。パンの勉強に行くという感じじゃなくて」

萬谷「でも、その時に『このパン旨いな』と言ってたものを、竹内君は帰国して翌週には作ってるんだよね」

竹内「粉も環境も違うから同じものを作るわけではないけど、ヒントにすることはあります。萬谷さんのところに卸している"ナチュレ"も、向こうのビストロで食べた真っ黒焦げのパンがヒント。それまでパン・ド・カンパーニュというと、酸味が強くて皮もゴツイ印象があったけど、そのビストロのパンはほどよい酸味で重くない。こんなカンパーニュがあってもいいんや！と」

萬谷「こちらもつい『こんなパンがほしい』なんて注文するから、竹内君がどんどんマニアックになって」

竹内「おかげでパンの幅が広がりました。ラインアップも製法も。イメージしたものを作ろうとすると、既存の概念にとどまっていられない。『ありえへん！ 邪道やろ』というような作り方でも、ちゃんとパンはできる。それがわかったのはすごい自信になりました」

萬谷「僕たち料理人と一緒だよね。少しずつ技術を高めて、食材のグレードも上げてきた」

竹内「お互い忙しくてご無沙汰してたけど、この前の正月休みに久しぶりに二人でフランスへ行って」

萬谷「食べ歩き以外に、ビオワインの生産者のところにホームステイをしたり。今回が一番よかったな」

竹内「収穫がいろいろありました。すごいこだわってワイン造りに取り組むご夫婦には本当に感動した。奥さんが僕たちのために作ってくれたガレット・デ・ロワ(1月のキリスト公現祭に作る菓子)なんて！」

萬谷「手作りですごい素朴なんだけど、"JAPON"なんて模様をつけてくれて。その心意気がね……」

竹内「嬉しかったし、おいしかった。これまでガレット・デ・ロワは作らないと決めていたけど、よーし来年から作るぞ。包み紙とか買ってきちゃいました(笑)」

萬谷「あと、パリのビストロで食べたパンね」

竹内「あれはインパクトがありました。"焼ききった！"って感じで皮なんて焦げてガリガリなんだけど、食べると全然気にならない。おいしいし、すごく料理に合う」

萬谷「パン専用の棚があって、そこでザクザク切ってはカゴに盛り、ポンとテーブルに置いていく。それをみんなバンバン食べる。そっけないけどすごくかっこよかった」

竹内「ちゃんと萬谷さんのために作りますよ」

萬谷「じゃあ、僕はパン用の棚を用意しないとね(笑)」

新しいパンに挑戦中

　この前、萬谷さんと行ったパリのビストロで、衝撃のパンに出会った。見た目は真っ黒焦げ。「焼ききった！」という感じのガシッとした皮のパン・ド・カンパーニュ。ナイフで切るたびにガリガリッと皮が飛び散り、食べると口の裏側が切れそうなほど。だけど、食べると香ばしくてとびきり旨い。二人ともすっかり魅了されてしまった。普通のレストラン向きではないけれど、ガツンとした萬谷さんの料理には絶対に合うはず、と帰国後すぐに試作。雰囲気はパン・ド・カンパーニュに近いけど、もっと酵母を増やしてボリュームを出し、味も複雑に。大きくまとめてしっかり焼き込んだ。自分では酸味も焼き込みも「やりすぎか」と思ったけど、実際に萬谷さんの料理と食べてみるとまだ足りない。レストラン用のパンは、料理と一緒に食べて初めて完成するのだ。これが完成したら、萬谷さんはレストランのパンをこれ1種類にすると言う。パンの名前も考えなくては！

完成に近づいたパンは、実際にレストランに持って行き、料理に合わせてみる。二人でパンと料理をもぐもぐ……「重たさはこんな感じかなぁ」「もっと焼いていいかも」。こうしてオーダーメイドのパンは完成する。

フランスの旅

萬谷さんとの海外旅行もかれこれ4回目。写真はロワール・アンジェでビオワイン見学をした時のもの。畑を見たり、ワインを飲んだり。ワインへの熱意と温かいもてなしに感動し、ここのワインを使ったパンをいつか作ろうと決めた。右の写真はワイナリーの奥さんが作ってくれたガレット・デ・ロワ。僕はお礼に「天然酵母オリーブ」を持って行った。

1968年東京生まれ。21歳の時にイタリアに渡り、1年半の修業を経て帰国。大阪のイタリア料理店でシェフを勤めた後、91年に独立する。95年に和歌山に移転し、2001年に再度大阪に戻り、「イル・チプレッソ」を開店した。素材をストレートに味わうシンプルな料理がリーズナブルな価格で味わえる、人気のイタリア料理店。

イル・チプレッソ
大阪市北区菅原町10-32
ウエムラ西天満ビル1階
電話／06-6363-2772

イル・チプレッソ◎高島朋樹シェフ

　高島さんは、僕のパンの概念をぐっと広げてくれた人だ。高島さんが求めるのはイタリア料理のためのパン。「塩を使わずに」とか「焼き込まないで」など、これまで作ってきたパンとはまったく違うオーダーだから、毎回試行錯誤の連続。そういえば、「旨すぎる！」という理由で怒られたのは後にも先にも高島さんだけだ。

　そのぶん得られるものは大きく、高島さんのパンを作るたびに違うステージにいける気がする。「イル・チプレッソ」（46ページ）を作ったことで、塩を使わず、粉、酵母、水だけでもおいしいパンができることや、皮を焼き込まずに白く仕上げても粉の味はすることがわかった。すると、また新たなパンの構想が浮かんでくる。

　また、高島さんとムジカさん（大阪・堂島にある紅茶専門店「ティーハウス ムジカ」の堀江勇真さん）の3人で集まると、いつも何かが始まってしまう。以前には「紅茶に合うサンドイッチを作ろう！」と盛り上がって、高島さんはサンドイッチの具材、僕はパン、堀江さんは紅茶と担当を決め、毎月集まっては試作をし、実際にムジカさんで提供したことがある。みんなすごく忙しいのに、話し始めるとついやりたくなってしまうのが悪いクセ（笑）。でも、やるからにはお互い真剣に。必ず何か得られるし、オーナー同士のストレス発散でもある。高島さんとはそんなことばかりだ。

1：イル・チプレッソでは「タケウチのパン」とメニューに書いて、パンを別料金で提供する。「竹内君が一生懸命作ってくれるのに、うちがそれをちゃんと出さなくては」（高島シェフ）。奥から時計回りにイル・チプレッソ、胚芽パン、マジョラムのパン、白パン。2：高島シェフのために作った、その名も「イル・チプレッソ」。「イタリアのパーネ・トスカーノ（塩なしパン）のようなパンを」と依頼を受け、何度も試作を繰り返した末に完成。薄くパリパリの皮、粉の風味はあるのにあっさりした味など、他にはないパンになった。

イル・チプレッソは2006年に店内を改装。カウンター席をなくし、テーブル席のみになった。白と黄色を基調とした明るい雰囲気。メニューはアラカルトで、夜のみの営業。

「おいしくないパンを作れと言われたのは初めて」

高島朋樹「以前はパンを自家製していて、ブリオッシュとか一部だけ竹内君に分けてもらっていた。だってイタリアパンを竹内君が作ってくれないから（笑）」

竹内久典「その頃は主にフランスのパンを作っていて、イタリアのパンの作り方を知らなかったんですよね」

高島「日本にはフランスのパンもお菓子もあるけど、イタリアのパンを作る人はいない。だからイタリア料理の人間はパンを自分で作るかバゲットを買うかしかなかった。竹内君には『○○というイタリアのパンがほしい』ではなく、『こんな感じのパンを』とイメージだけ伝えて」

竹内「イタリアの味がほしいわけじゃない、おいしさのポイントを求めてるんだと。言っていることはわかるんだけど、最初はポイントが理解できないことも多くて。『そのパンおいしいんですか』と聞くと、『おいしないで』と言われるし（笑）」

高島「僕もパンは素人だから、具体的な作り方まではわからない。だから竹内君の中に何か湧くまでひたすら話す。自分のイメージを理解してもらうために。竹内君にとっては手間だし、おいしい仕事じゃないけど、今はわかってもらってる。もう、なくてはならない存在です」

竹内「高島さんに最初に作ったパンが"イル・チプレッソ"で、次が"マジョラムのパン"。今では高島さんの『こんなんやねん』というイメージが僕と一致さえすれば、すんなりパンができます」

高島「たとえばマジョラムのパンなら、『ハーブの香りを出す時、料理人はこうするよ』と話すんだけど、ほとんど竹内君は聞いていない（笑）。でも、完成すると同じようにしてるんだよね。それがすごいんだけど、竹内君自身には全然すごみがない。本当は苦労してるのに、まるで簡単に作ってそう。そこが他の人とは違うところ」

竹内「わからないから今までしたことのない作り方をして、それが考えもつかない新しい形や味になる。大変だけどそれが楽しくて。"イル・チプレッソ"の時は、試作のたびに持ってきたけど、なかなかOKがでなくて……」

高島「これは完成目前まできてる。じゃあ、もうちょっと頑張ってもらおう、と（笑）」

竹内「あれが完成した時は泣きそうになりましたね。翌日熱を出して初めて店を休んだし（笑）。でもおかげでパンは大ヒット。それに、パンに対する考え方が変わりました。こんな作り方や味のパンがあってもいいんだ、と」

高島「その調子で、他にお願いしてるパンもよろしくね（笑）」

竹内「……そうですね（笑）」

高島シェフには、毎年クリスマス用のパネトーネも焼いている。天然酵母を使った完全オリジナルのパネトーネ。年々完成度が上がり、「これなら天然酵母を使ったブリオッシュが作れるかも」と竹内シェフ。

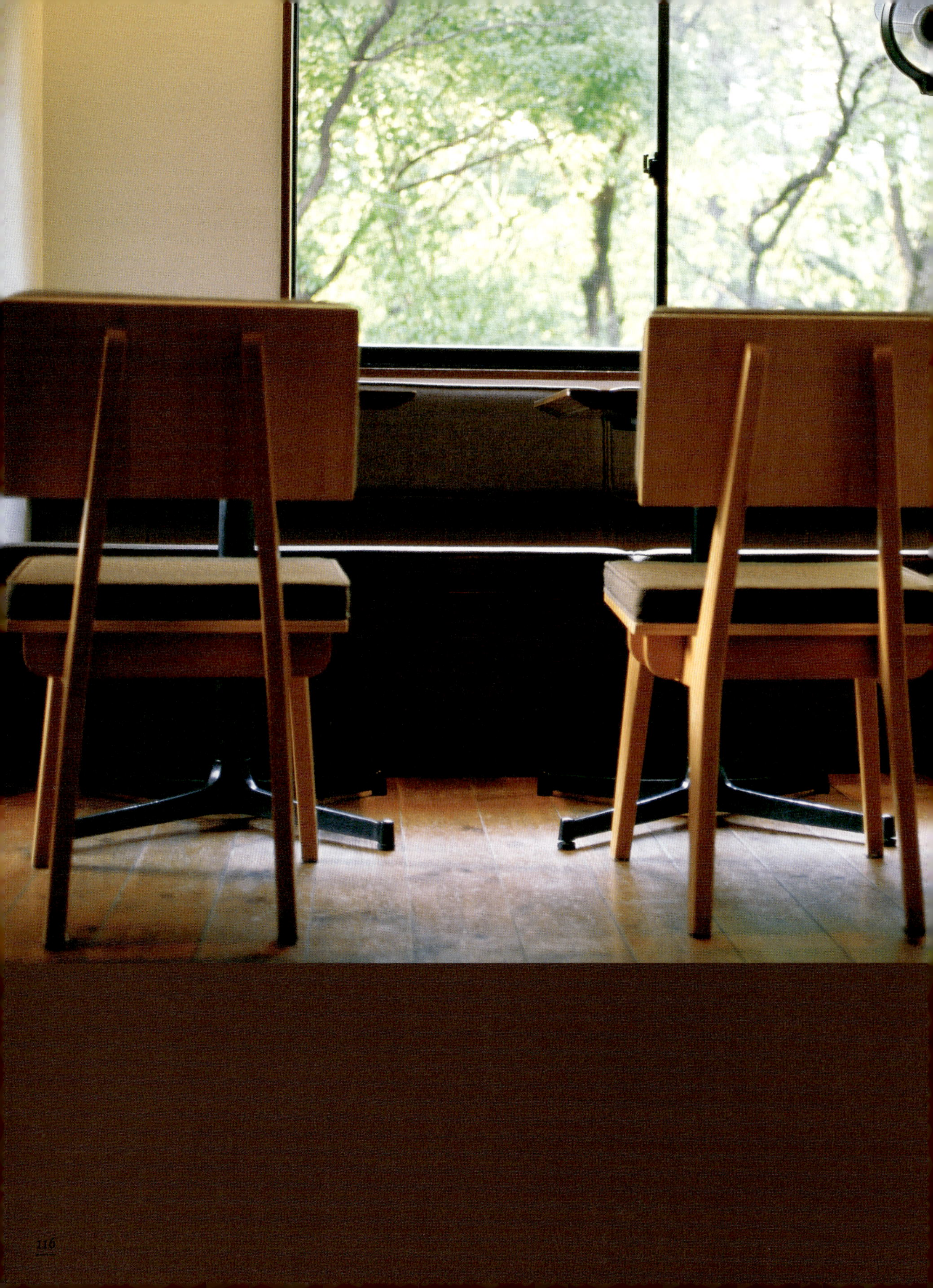

{ ブランジュリ タケウチのカフェ }

カフェを作った理由

　今の場所に移転すると決めた時、1階をパン屋にして上の階はカフェにしようと考えた。ただお茶が飲める場所にするのではなく、うちのパンを知ってもらうための空間。つまり、ブランジュリ タケウチのフラッグショップにしようと思ったのだ。

　というのは、それまで何度も「このパン、食べ方がわからないから売れないのかな」と感じることがあったから。口で「こうやって食べるとおいしいですよ」と説明しても、そこは百聞は一食にしかず。だからメニューの主役はパン。パン屋では販売しづらい、野菜をたっぷり使ったフレッシュなサンドイッチやタルティーヌ（オープンサンド）、クロックムッシュなど、パンをおいしく食べられるものを意識的に取り揃えた。

　たとえばパン・ド・カンパーニュ（田舎パン）は、カフェで提供することで売れるようになったパン。そのまま食べると独特の酸味が食べづらいと感じる人も多いけど、本来は料理と一緒に食べるパン。肉やチーズに合わせると、その酸味が調味料になってぐんと食べやすくなる。そこでカフェでは、チーズを使ったタルティーヌやクロックムッシュにパン・ド・カンパーニュを使用。お客さんは知らずに食べても、おいしければ「これ何のパン？　下（パン屋）でも売ってる？」と聞いてくる。もちろん、僕はスタッフに「作り方をどんどん教えてあげて！」と言ってある。すると、「こうやって食べればいいのね」と必ず帰りに買ってくれるのだ。実際、カンパーニュは予約でいっぱいになり、店に並ばなくなったほどだ。

　逆のパターンもある。小さなタルト（30ページ）は最初、カフェで出すパンだった。ひとくちサイズの甘いパンを盛り合わせた「プティパンセット」のひとつで、パン屋らしくクロワッサンの余り生地で作っていたのだが、そのうち「タルトだけ買いたい」という人がちらほら……。あまりに評判がいいので、試しにカフェが休みの日にも焼いて1階に並べてみたところ、一瞬で完売。以来、1日に200個は焼く人気商品になった。

　僕にとってカフェはあくまでもフラッグショップだから、看板も出さないし宣伝もしていない。だけど、いつも決まった席に座るご夫婦、赤ちゃん連れのお母さんたち、初めて来てサラダがおいしいとおかわりする人……けっして入りやすいとはいえない重い扉を開けて来てくれる人がたくさんいて、本当に嬉しく思っている。

パン屋の裏手にある重い扉を開け、2階に上がるとカフェのキッチンがある。一部がガラス張りになっており、野菜を洗うところから見ることができる。ランチのサンドイッチは、契約する農家から送られてくる野菜を見てから内容を決める。パンをアルコールとも楽しんでほしいと「ワインセット」なるメニューも用意している。

2階を通り過ぎ、さらに階段を上がったところがカフェスペース。15坪に22席とゆったりした配置。天井はけっして高くなく、まるで屋根裏のような雰囲気だが、座席を低めに作ったことと窓から見える緑が開放感を与える。内装も使用するグラスやカトラリーもシンプルを意識している。

{ カフェのメニュー }

タケウチのパンのおいしい食べ方を提案するメニュー。1日を通して食べられるメニュー以外に、ランチタイムには「クロックムッシュランチ」、「日替り2種類のサンドイッチランチ」を用意。後者は契約農家から届く季節の野菜を主役にしたメニューで、入荷した素材次第で内容が変わる。いずれもサラダとドリンク付き。また、日曜日だけは朝9時にオープン。11時までの朝のメニューとしてトーストセットやフルーツサンドも用意する。

クロックムッシュ
オーブンで焼いたパン・ド・カンパーニュにオリーブ油と黒コショウをふり、ホワイトソースとロースハムをサンド。その上にホワイトソースとグリュイエールチーズをのせて焼き上げる。チーズのコクとパンの酸味がよく合うタケウチ自慢の一品。

クロックマダム
クロックムッシュに目玉焼きをのせたボリューム満点のサンドイッチ。目玉焼きは黄身をごくごく柔らかく焼き上げ、フォークでつぶしてソース代わりにしてもらう。仕上げにふった粗挽きコショウが味のアクセント。

ジャンボンフロマージュ
バゲットに切り込みを入れ、さっと焼いたジャンボン(ロースハム)とゴルゴンゾーラ(青カビチーズ)を挟んだだけのシンプルなサンドイッチ。ハムの香りとゴルゴンゾーラのコクが、バゲットのあっさりしたおいしさを引き立ててくれる。

ブリオッシュサンドイッチ
ふんわり柔らかいブリオッシュを使ったサンドイッチ2種。クリームチーズをぬったパンでレタス、スモークサーモン、ケイパーをサンドしたもの(左)と、レタス、ペッパーシンケン(ハム)、コルニション、パルメザンチーズを挟んだもの(右)の組合せ。

BLTサンドイッチ
パンはハードトースト(食パン)を空焼きして使用。パン→レタス→薄焼き卵→トマト→パン→レタス→焼いたベーコン→パンの順に重ねている。ベーコンは神戸の人気店「メツゲライクスダ」のもの。薄焼き卵のまろやかな風味と鮮やかな色がアクセント。

タルティーヌ
焼いたパン・ド・カンパーニュにホワイトソースをぬり、ペッパーシンケン、コルニション、モッツァレラチーズをのせて焼いたタルティーヌ(オープンサンド)。ソテーしたジャガイモとタマネギにトム・ド・サヴォワチーズをのせたものはスペシャリテ。

**デニッシュミルフィーユ（手前）
タルトタタン（奥）**

クロワッサン生地で作るデザート2種。手前はカスタードクリームとブルーベリーを挟んだミルフィーユ、奥はあつあつのリンゴのソテーとカスタードクリームのタルトタタン。フルーツは季節ごとに変わる。

タルティーヌバゲットセット

バターをぬったバゲットをオーブンで軽く温め、ミカンのハチミツとジャムをぬったタルティーヌ。口どけのよいバゲットにハチミツやジャムがじわっとしみ込んでとびきりおいしい、人気のメニュー。ジャムの内容は季節によって変わる。

プティパンセット

ひとくちサイズの甘いパン4種類を盛り込んだ楽しいデザート。左からクリームとリンゴジャムを挟んだメロンパン、イチゴのブリオッシュサンド、ハチミツをぬった3種レーズン、ブルーベリーとクリームを挟んだミルフィーユ。内容は随時変わる。

ヨーグルトスムージー

ドリンクタイプのヨーグルト（無糖）を凍らせて、パコジェット（氷を粉砕できるミキサー）にかけたスムージー。グラスに柔らかいシャーベット状のスムージーを入れ、上からヨーグルトを注ぐ。ブルーベリーのジャムを添えて。

コーヒーゼリー

夏向けの新しいデザート。牛乳と生クリームでコーヒー豆を煮出し、柔らかく固めた白いゼリーに、ほとんど甘みのないゆるいコーヒーゼリーをのせて。無糖のアイスコーヒーを添え、ゼリーにかけて食べてもらう。ほろ苦くスッキリした味わい。

カフェの営業時間は平日11:00～18:00、日曜日9:00～18:00（ともにラストオーダー17:00）。月曜日定休。メニューの内容は季節によって変更になる場合があります。

スモークハムとスモークチーズの
フランスパン

あまおうのデニッシュ

天然酵母ドライトマトとフレッシュハーブの
カマンベール包み

天然酵母クランベリーと
クリームチーズ

天然酵母オリーブ

栗のリュスティック

抹茶と黒豆きなこの
クリームパン

ブランジュリ タケウチ
{ パン・コレクション }

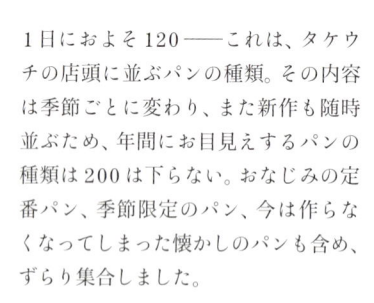

1日におよそ120——これは、タケウチの店頭に並ぶパンの種類。その内容は季節ごとに変わり、また新作も随時並ぶため、年間にお目見えするパンの種類は200は下らない。おなじみの定番パン、季節限定のパン、今は作らなくなってしまった懐かしのパンも含め、ずらり集合しました。

焼成とホワイトチョコレートの
クロワッサン

とうもろこしのベーグル

ベシャメルソースと
ケイパーのクロワッサン

天然酵母バトン

レーズンといよかんの食パン

グリオットチェリーと
キルシュクリームのデニッシュ

クリームパン

パン・ド・クレーム

パン・オ・ショコラ

ブルーベリーとホワイトチョコレートの
ベーグル

レンズ豆とチョリソのトマト煮のクロワッサン

けしの実あんぱん

島バナナと黒砂糖のデニッシュ

黒糖パン

かぼちゃのタルト

くるみのバトン

クルミパンいが栗

梨のクリームとチョコレートのブリオッシュ

胚芽の食パン

あんずの白あんぱん

チョコレートとココアのブリオッシュ

3種ベリーのベーグル

イル・チプレッソ

木の実のデニッシュ

カレーパン

バゲット（クープなし）

ベーグル（プレーン）

チョコレートと洋梨のクロワッサン

黒ごまあんのタルト

天然酵母岩手種白金豚のソーセージ

メロンパン

天然酵母イベリコチョリソと
クリームチーズ

焼海老とドライチョコレートのヴィトロ

栗といよかんの白あんぱん

豆のライ麦パン

ショコラバナーヌ
チョコレートのクリームのとき

天然酵母ドライトマトとチョリソ

クロワッサン

チョコレートとラム酒の
アーモンドのデニッシュ

天然酵母いちじくのパン

パン・ド・カンパーニュ

ピーカンナッツとシナモンのベーグル

あとがきにかえて

　パンの修業を始めた頃から、25歳までにどこかの店でシェフになり、30歳までに自分の店を持つと目標を掲げ、ひとつずつクリアしてきた。おかげさまでブランジュリ タケウチには多くのお客さんに来ていただき、僕自身、作りたいと思っていたパンが焼けるようになってきている。

　それでも、やりたいことはどんどん出てくる。パンのことはもちろん、たとえばハード系のパンだけの店を作りたいとか、トーストが売りの喫茶店をやりたいといった新たな店のことまで。飽きっぽいともいえるけど、そんなことを思いついてはいつも真剣に「実際にやるなら？」と考え、毎回図面まで描いてしまう（笑）。僕は2店目を作って人に任せるなんてできないから、「やっぱり無理だ」と思い直すのだけど……。

　でも、新しいパンには常にチャレンジしたい。本の中にもあるが、イベントやレストラン用のパンを作ることは本当に勉強になる。だからその機会を増やしたくて、最近自分でもイベントを始めた。その名も「ベーカリー タケウチ」。「ブランジュリ」のほうはすっかりパンのイメージができ

記念すべき第1回「ベーカリー タケウチ」は大阪・北堀江の雑貨店「シャムア」にて開催。じゃがいものフランスパン、明太フランスなどの惣菜パンから、吉田牧場のミルクを使ったパン、中川ワニ珈琲のクリームパンなど実験的なパンまで、普段は作らないものをずらりと並べた。このイベントのために看板も手作り。

上がっているから、正直「この店らしくない」という理由で作りづらいパンもある。たとえば、日本の惣菜パンとかアメリカっぽいパンとか……。でも僕だってこういうパンも作ってみたいし、僕が作ったらどうなるんだろう？　という気持ちもある。そんな思いで始めたこのイベント。店の休みを利用して雑貨店やギャラリーなどでゲリラ的に行なうので、「日曜パン屋」といったところだ。

　先日行なった1回目には、明太フランスやポテトサラダが入ったフランスパンから、吉田牧場さんの搾りたての牛乳で作るミルクパンや中川ワニ珈琲のコーヒーで作るクリームパンといった実験的なものまで、一度作ってみたかったパンをたくさん焼いて本当に楽しかったし、勉強になった。このイベントでは一度作ったパンは作らず、そのつど新しいパンに挑戦するつもり。できれば大阪以外のところにも行ってみたい。そのために、オーブンを積んだ車がほしいなぁと思っているところだ。このイベントに限らず、これからも多くの人やものに出会うなかで新しいパンがたくさん生まれそうな予感がして、自分でも楽しみだ。

最新作は「黒ごまあんぱん」。黒ゴマと白あんを混ぜたあんこを、黒ゴマ入りの生地で包んで四角く焼き上げたもので、グレーのシックな色調が新鮮。ゴマは興味がある素材で、バターの代わりにゴマ油を使った食パンも開発中。

Photo : Hiroshi Mamiya

竹内久典

1972年大阪府生まれ。子供の頃にケーキ屋になろうと決心し、定時制高校に通いながらケーキ店で修業を始める。ある日、「ケーキと違い、パンは毎日食べられる」とパン職人への転向を決意。製パンの専門学校を卒業後、「フォション」をはじめベーカリーレストランやピッツェリアなどで働く。神戸のパティスリー「ダニエル」を経て、2000年11月に「ブランジュリ タケウチ」をオープン。2003年5月にすぐ近くに移転、同年11月にカフェをオープンした。

ブランジュリ タケウチ
大阪市西区靱本町1-16-14
電話／06-6444-2118

営業時間／8：00～18：30(売り切れ次第閉店)
定休日／日曜・月曜（月曜が祝日の場合は営業）
＊カフェの営業時間は11：00～18：00（日曜は9：00～18：00）、月曜定休
＊営業中の電話での問合せはご遠慮ください。

ブランジュリ タケウチ　どこにもないパンの考え方

初版発行　2008年 9 月15日
2版発行　2008年10月20日

著　者　Ⓒ竹内久典（たけうち・ひさのり）
発行者　土肥大介
発行所　株式会社柴田書店
　　　　〒113-8477
　　　　東京都文京区湯島 3-26-9 イヤサカビル
　　　　電話　03-5816-8282（注文・問合せ）
　　　　　　　03-5816-8260（編集）
　　　　URL　http://www.shibatashoten.co.jp
　　　　振替　00180-2-4515
印刷所　日本写真印刷株式会社
製本所　株式会社常川製本

ISBN 978-4-388-06041-2
本書収録内容の無断転載、複写（コピー）、引用、データ配信等の行為は固く禁じます。
乱丁、落丁本はお取替えいたします。
Printed in Japan